跨境电商

亚马逊运营实战宝典

于霏 著

電子工業出版社
Publishing House of Electronics Industry
北京•BEIJING

内 容 简 介

为了帮助广大跨境电商人迅速了解亚马逊，本书全面阐述了亚马逊的核心思路、运营思路、操作技巧、营销窍门及各类实用的推广技能等，全面展现了合格的亚马逊运营者及管理者所必备的基本素质。本书内容可以有效地帮助企业主对自己的团队进行衡量，从而实现突破。本书所述均从实战出发，所有内容均可踏实落地，没有空话，从而可以帮助广大从业者迅速地做到从零开始，快速地掌握亚马逊营销策略。同时，作者在书中提到了亚马逊运营中不常用到的一些操作技巧，希望大家能够认真阅读这些内容，并加以灵活运用。

本书实用性强，书中所写内容为作者 8 年来从业于亚马逊的一些真实的操作技巧，读者掌握后即可立即应用。

本书既可供需要从零开始学习亚马逊运营策略的新人参考，也可供有一定经验的亚马逊操盘手用于提高和拓展。

图书在版编目（CIP）数据

跨境电商：亚马逊运营实战宝典 / 于霏著. —北京：电子工业出版社，2018.9
ISBN 978-7-121-34654-5

Ⅰ. ①跨…　Ⅱ. ①于…　Ⅲ. ①电子商务－商业经营－经验－美国　Ⅳ. ①F737.124.6

中国版本图书馆 CIP 数据核字（2018）第 140932 号

责任编辑：高洪霞
印　　刷：三河市双峰印刷装订有限公司
装　　订：三河市双峰印刷装订有限公司
出版发行：电子工业出版社
　　　　　北京市海淀区万寿路 173 信箱　邮编：100036
开　　本：720×1000　1/16　印张：13　字数：220 千字
版　　次：2018 年 9 月第 1 版
印　　次：2021 年 5 月第11次印刷
定　　价：59.00 元

凡所购买电子工业出版社图书有缺损问题，请向购买书店调换。若书店售缺，请与本社发行部联系，联系及邮购电话：（010）88254888，88258888。

质量投诉请发邮件至 zlts@phei.com.cn，盗版侵权举报请发邮件至 dbqq@phei.com.cn。

本书咨询联系方式：（010）51260888-819，faq@phei.com.cn。

前　言

跨境电商热已经持续几年了，在这股热浪中，主要有两个流派，以做独立站为主的卖家，以及以平台销售为主的卖家。

截至 2018 年元月，在跨境销售平台中，又以亚马逊为最热平台，这也是本书将要讨论的内容。

笔者作为一个 8 年前就开始接触亚马逊平台的卖家，这些年的生活早已被亚马逊彻底改变了。当然，细看这本书的各位，也有可能是生活已经被亚马逊改变或即将被亚马逊改变的一员，希望本书能对诸位的改变过程起到一点点斧正的作用，以免出现跑偏的情况。

笔者将多年亚马逊操作经验的积累浓缩成本书呈献在读者面前，形成一套成熟、完整的理论和实操体系。亚马逊的整体运营思维和实操一直是困扰诸多卖家的问题，希望本书能够切实地帮到大家。

但是，亚马逊的运营规则变化得非常快，希望大家通过本书的学习能领悟到亚马逊的核心技巧，并且掌握不断学习的能力，这才是笔者最希望看到的。相信随着本书的讲解，你的亚马逊之路一定会走得非常顺利。

本书特色

1. 内容实用实在、详略得当，讲授符合初学者的认知规律

本书内容涵盖了亚马逊运营人员必须掌握的账户申请、产品选择、新品上架和页

面优化等知识，内容结构非常注重知识的实际性和操作的可执行性。细节处讲解到位、彻底，甚至细致到每一个词语该如何去布局；对仅需要大致了解的地方绝不浪费过多的笔墨，对整体结构的描述提纲挈领。这样的编排照顾了新手阶段的上手难度，摒弃了那些无须了解的“编外”知识，这种由浅入深、循序渐进的讲授完全考虑了初学者对亚马逊操作的认知规律。

2. 行文幽默诙谐，以示例引导全程，特别适合初学者阅读

本书介绍的关键词的查找、产品页面的优化、广告的优化、多账户避免关联的操作及账户健康的指标等，全程都是示例驱动的，这样就避免了不同章节、不同示例间的知识脱节，非常连贯统一。在学习这些知识时，笔者的讲授绝不是死板教条式的，而是以幽默诙谐、接地气的语言对知识点进行生动、通俗的讲解，犹如你的一位老朋友在帮助你缩短成为亚马逊达人的时间，使整个学习过程变得简单、生动起来。

3. 独有的“站外推广”特色，完全激发初学者的兴趣和智慧，同时给有一定基础的运营者提供了另一种可能性

本书既讲解了亚马逊传统的操作思路、运营和营销技巧，也提到了一般运营人员不曾涉及的站外引流技巧。笔者期望能通过这些技巧给大家带来一些不一样的内容，也期望这些不一样的内容能给大家带来不一样的“打法”，从而让大家有所突破，不拘泥于一些站内的优化而不知道如何进行突破。

本书内容及体系结构

第 1 章　Amazon 不同账户的选择和申请

本章从实际角度给大家申请亚马逊账户提出了切实可行的建议，并针对每种类型账户的不同之处做出了详细阐述，帮助大家选择最适合自己的账户。

第 2 章　三步选品，不要犹豫

本章对亚马逊选品提出了笔者自己的一些看法，可以帮助大家摆脱工具，最终结合数据来选品，避免大家在选品上走弯路。

第 3 章　隔山打牛——用 Google 找关键词

众所周知，做亚马逊，关键词是非常重要的一部分。我们要打造一个所谓的好的详情页，无非就是打造这个详情页的亲客户性。客户如果能在你的产品上看到他们想要的内容，那么自然就更容易形成购买，所以本章就和大家探讨与关键词相关的内容。通过对关键词的研究，一步步地满足客户需求，把详情页打造得人见人爱。

第 4 章 新手必备知识——图片原则＆退换货

本章介绍作为一个亚马逊新手，在正式准备做亚马逊之前必须知道的原则，比如图片原则和退换货原则。如果不了解图片原则，很可能一不小心就被亚马逊抑制了流量；而如果不了解亚马逊的退换货规则，客户很可能让你每天欲哭无泪。对，亚马逊就是一个“傲娇又讲原则”的平台。

第 5 章 教你打造一个完美的 listing

大家都想做好亚马逊的排名，这件事情难吗？难。但真的难吗？其实不然。各位只要拿出必胜的决心，就真的不难。要想做好亚马逊，就要了解亚马逊的脾性，了解它的喜好，知道它喜欢什么、不喜欢什么。

第 6 章 广告的选择和优化

广告是做亚马逊离不开的一个项目，每天都在上面花钱，但是很多时候，你可能付出了非常多的精力和金钱，却收不到自己想要的回报。广告的优化是非常重要的一个环节，曝光、点击、转化都会是你每天非常关注的焦点。本章会讲一个你们从未听过的亚马逊广告，摆脱那些烦人的数据，直接通过结果来分析我们需要做什么。数据只是为我们服务而已，既然你看不懂，那就跳过它，直接来到我们要的结果面前。

第 7 章 如何发 FBA？要不要选择龙舟计划

本章内容也是广大做亚马逊的人员逃不开的一个心结，FBA、物流、仓储、运费，这里的每一项都关系产品价格及利润。所以，做好这些基本内容，很有可能让你多出几个点的利润。

第 8 章 正确对待 Review 和 Feedback

本章所讲的内容是每个在亚马逊上销售的卖家都会经历的过程，即厘清 Review 和 Feedback 的差别。

第 9 章 亚马逊账户健康指标及维护

本章所讲的亚马逊账户健康是一个老生常谈的话题，但确实是一件非常重要的事情。作为一个非常注重买家体验的平台，亚马逊用很多指标来指导卖家时刻注意这一点。所以，我们后台所有关于账户健康的指标，其实体现的都是客户体验的方方面面。

从这里不难得出结论，只要我们能够做好用户服务的各个方面，必然会让自己的账户到达一个比较高的健康等级。

第 10 章　如何避免账户关联

做亚马逊的卖家，总想着多账户操作，却又总担心被关联，甚至还有一些卖家由于不了解亚马逊的关联机制，明明只有一个卖家账户，也担心被关联。这都是由于对亚马逊的关联机制不熟悉所造成的。本章将带大家详细了解这些关联机制。

第 11 章　产品定价要素、站内营销及购物车解析

本章所阐述的定价、营销及购物车相关基础知识，都是我们作为一个亚马逊卖家需要了解的。所有这些内容在整个工作过程中占着非常大的比重，希望能够引起大家的足够重视。

第 12 章　封堵一切封号的可能性，解救大部分封号

在亚马逊做卖家，最担心的事情莫过于账户被封。由于近年来大量良莠不齐的卖家涌入亚马逊，导致亚马逊被封号的卖家非常多。亚马逊自己可能都有些麻木了，所以很多卖家稍微出点问题，账户就会被停用，等待卖家提供更进一步的资料和计划来判定是否能够继续在亚马逊经营。

所以，提出行之有效的计划方案，提供符合亚马逊需求的发票是非常关键的步骤。在这一章，笔者就带着大家了解详细的解决方案。

第 13 章　花边系列知识：KYC/VAT/品牌/UPC/收款/ Amazon Business

做亚马逊，你需要了解的绝不仅仅是亚马逊本身的知识，商标、税务、收款等都是必须了解的，一处都不能少。

第 14 章　站外推广初步

站外推广越来越受到大家的推崇，本章将从谷歌、Facebook、Twitter 等多个流量平台向大家阐述如何从站外获取我们所需要的流量。

本书读者对象

- 亚马逊初学者；
- 有一定经验并希望提高的亚马逊运营人员；
- 想要转型亚马逊的工厂；

- 对跨境电商、商务英语感兴趣的大中专院校学生；
- 想要通过亚马逊创业的创业者；
- 其他对亚马逊有兴趣的各类人员。

本书由于霏组织编写，因作者水平有限，本书难免存在疏漏和不妥之处，敬请批评指正。

作者

目　录

第 1 章

Amazon 不同账户的选择和申请

亚马逊有很多不同的账户类型，初入亚马逊的新手很容易被这些不同类型的账户给弄晕。所以在本书伊始，我们先来弄明白亚马逊的账户类型到底都有哪些，分别有什么不同。

1.1 不同类型账号介绍

一说要开始做亚马逊，很多人的第一反应就是：“别人告诉我，一定要找账户经理来注册亚马逊账户，自己注册的账户一点用都没有，所以千万不要自注册。”很多人都被这样的言论所困扰。接下来，让我们从定义中获得答案。

1.1.1 自注册

很多人一听说“自注册”三个字，就想当然地认为是“自己注册”，把所有自己注册的渠道都算作自注册，不管三七二十一，只要不是招商经理给的链接，统统都认为是自注册。

其实不然。我们通常所理解的自注册其实包含两种注册形式，其中一种是在亚马逊各个国家的官网右下方点击“Sell on Amazon”进行注册，如图 1-1 所示。在这里注册，就是通过亚马逊的境外渠道进行注册，公司、个人均可在这里进行亚马逊卖家账户的注册。

注意：个人注册美国站支持。

应该说，这里的注册才是真正意义上的自注册，而不仅仅是自行注册那么简单。这种注册形式，是通过亚马逊美国团队进行注册，不经过中国招商团队，所有的中国内地公司都不推荐使用这种形式注册。

图 1-1　官网下方的注册入口

1.1.2 自行注册（全球开店）

自注册的另一种形式为自行注册形式，就是我们所说的通过亚马逊中国的“全球开店”项目组进行注册。这种注册形式最容易被大家理解成 1.1.1 节所讲的自注册形式。自行注册就是通过 http://gs.amazon.cn/ 这个页面进行注册。

打开页面后，在页面右上角就能发现可以自行注册的三个地区，分别是北美站（包含美国、加拿大和墨西哥三个国家，共享后台）、日本站、欧洲站（包含英国、法国、德国、西班牙和意大利五个国家，共享后台），如图 1-2 所示。

图 1-2　亚马逊全球开店自行注册的三个地区

需要说明的是，1.1.1 节和 1.1.2 节提到的自注册和自行注册，虽一字之差，却有天壤之别。自注册就是那种没有招商经理扶持的注册形式，一般指的是从各个国家官网链接注册的形式。自行注册则是指通过亚马逊“全球开店”项目组的官网进行注册的形式。这种注册形式，后期是可以有招商经理的。而通过各个国家官网链接注册的形式不通过全球开店项目组，拥有招商经理的概率几乎是零。

1.1.3 全球开店页面注册

这种注册形式，推荐所有中国内地公司在没有招商经理的前提下采用。在每年的 8 月底（广东会提前），招商经理会逐渐完成一年的业绩指标，这时再通过招商经理开店就会变得很难。

除非是资质特别优秀的工厂类企业，否则招商经理很可能会不再接纳新的商家入驻。所以，全球开店的页面自行注册就成为很多企业的唯一途径。

1.1.4 个人注册

顾名思义，个人注册就是使用个人的资质进行注册。但是，却有很多人对此有很多疑问，以下是比较典型的几个问题。

- 个人注册还可行吗？

可行，但是目前个人能注册的仅限于美国站。

- 哪些人适合个人注册？

无法注册公司却急于开店的个人，或者是想拿亚马逊试试水的个人用户。

- 哪些国家的亚马逊允许个人注册？

目前来说，只有美国可以。

1.1.5 企业注册

企业注册指注册的时候使用企业的资质，一般所需提供的资料有新的电子邮箱地址、公司的名称、地址、联系方式、国际信用卡（VISA，MasterCard 等）及在注册期间可以联系到的电话号码。

其实从运营方面来说，企业注册和个人注册并无特别明显的区别，除了身份不同之外，其他几乎没有区别。另外，欧洲站和日本站都要求必须企业注册。

1.1.6 不同渠道注册的账户，差别到底在哪里

前面分析了好几种注册方式，各种注册方式注册出来的账户也是有区别的。那么，区别在哪里呢？接下来就从不同的维度来分析这些账户的区别。

首先把几种账户类型整理罗列出来，如表 1-1 所示。

表 1-1 账户类型

注册身份	注册渠道	销售计划	店铺类别
企业卖家	全球开店	专业销售计划	特别卖家
个人卖家	官网自注册	个人销售计划	新手卖家

从表 1-1 可以看出，从注册身份来说，账户可以分为个人卖家和企业卖家两种。个人卖家指的是以个人身份注册的卖家，企业卖家指的是以企业身份注册的卖家。

从注册渠道来说，注册类型可以分为全球开店和官网自注册两种。全球开店卖家是指通过全球开店项目组入驻的卖家，包含自己注册、招商经理注册和扫码填写资料三种方式。官网自注册卖家是指通过亚马逊各个国家官网直接进行注册的卖家。

从销售计划来说，专业计划和个人计划的区别就在于亚马逊是否每个月扣月租，北美站每个月扣月租 39.99 美元（日本站为 4 900 日元，欧洲五国共计 25 磅）。

看到表 1-1 中的专业销售计划和个人销售计划，有很多人不明白。接下来，我们从两个方面阐述一下这两者之间的区别。

1. 费用的区别

前文已经提到，对于专业销售计划，每个月北美站亚马逊会收取 39.99 美元的月租费，而个人销售计划则没有这笔费用。但是，个人销售计划每销售出去一笔订单，亚马逊会收取 0.99 美元的固定费用加上每个产品的亚马逊佣金。两者费用上的区别就在这里。

2. 权利的区别

从促销方面说，个人销售计划没有创建任何促销的权利，而专业卖家是可以创建促销的。

从购物车方面说，个人销售计划没有获得黄金购物车的资格，而专业卖家成为特色卖家之后就会拥有黄金购物车。

从广告方面说，个人销售计划无法进行广告展示，而专业卖家在其 listing 获得购物车之后是可以开启广告的。

最后，我们来着重说一下特色卖家和新手卖家。这两个词听起来好像差别很大，其实就是作为亚马逊卖家必然会经历的过程，新手卖家就是刚开始在亚马逊开店还没有黄金购物车的阶段。当拥有了黄金购物车以后，就是一个特色卖家了。所以特色卖家和新手卖家的差别就在于是否拥有黄金购物车（关于黄金购物车，我们将在后文专门进行阐述）。

1.1.7　自注册和自行注册的区别

大家一定要把自注册和全球开店区分开，全球开店还是有一定的概率会被你的账户经理联系的。所以，分清楚自注册和自行注册是关键。

1．自注册这个词究竟是指什么

很多人都在纠结“自注册”这个词，听到这个词就觉得不靠谱。其实，并没有大家所想象的那么恐怖。自注册既然是一种存在的渠道，那么自然有其存在的道理。

真正的自注册，其实指的是从各个国家官网（北美站点、欧洲站点、日本站点）点击进入的注册。只有这种形式的自注册，才是大家想象的那种注册了之后没有招商经理管理的账户。

2．全球开店囊括了哪些渠道

通过 gs.amazon.cn 页面进行自行注册、通过各种渠道的招商经理注册、通过前文提到的全球开店二维码扫描后填写资料进行注册。

通过这三种渠道中任意一种进行的注册都可以视为全球开店。

3．两者之间的区别和选择

两者之间的区别就在于有没有招商经理的扶持，另外，全球开店是有账户经理的。只要通过以上三种渠道中的任意一种，按照亚马逊全球开店的政策，都应该是分配账户经理扶持的。只是自行注册的账户，被经理联系的概率低一些。

注意：关于如何选择，凡是中国内地注册的公司都应该通过全球开店的三种渠道中的一种进行注册，这样是最能够保障自己利益的。毕竟有账户经理能帮助我们处理一些自己处理不了的问题，也能够帮助我们申请到亚马逊的促销活动。这些，对我们的账户运营都有非常重要的作用。

1.2 招商经理和账户经理

招商经理和账户经理是非常容易混淆的概念，很多人都不清楚到底什么是招商经理、什么是账户经理，这一节我们就来具体地了解一下。

1.2.1 何为招商经理

中国卖家大多都想通过招商经理注册，那么到底什么是招商经理注册呢？其实很简单，亚马逊的招商经理就是亚马逊负责招商的一部分人，这部分人需要不断宣讲并解析亚马逊的招商政策，吸引潜在卖家来注册亚马逊账户。

你联系他以后，他会帮你把资料交给账户经理去审核（关于账户经理，我们会在后面的章节中讲解）。

另外，商家也可以自行联系招商经理。方法有三个：其一，参加各个城市亚马逊的宣讲会；其二，可以通过朋友介绍，或联系本书作者；其三，经过我们的推荐。

1.2.2 何为账户经理

通过前面的介绍，大家了解了什么是招商经理。账户经理就是负责账户部分的经理。他们负责审核招商经理招进来卖家的资料，决定是否发放注册链接，并且在日常工作中帮助在他们这里进行注册的卖家解决一些运营方面的问题。

如果说招商经理是从广度方面帮助亚马逊拓展业务，那么账户经理就是从深度方面帮助亚马逊拓展业务。

1. 如何联系账户经理

和招商经理不同，账户经理抛头露面的机会不多，不过也不排除有些人既是招商经理又干着账户经理的工作。我们一般通过招商经理的推荐，或者朋友的推荐认识账户经理，或者去网上找一些联系信息。

2. 应该何时联系账户经理

这个问题需要区分不同的阶段，如果还没有注册账户，请先准备好你的姓名、电话、营业执照信息、邮箱、要开的站点这些信息，然后向你找到的账户经理索要注册链接。

如果已经注册好账户，应当在你的账户被亚马逊警告或者被亚马逊关闭的时候联系你的账户经理寻求帮助，请他帮你找到被警告或者被关店的原因，并且协助你提交计划、再开店。

3. 应该如何和账户经理进行有效的沟通

账户经理一般都有很多的卖家账户需要去维护，他们也是有业绩压力的，所以时间非常宝贵。不要去问对方“在吗？”这样的话语，礼貌的寒暄之后有话直说，把你的问题清楚明白地表达出来。总之，和账户经理沟通要言简意赅、清楚明白。

4. 通过账户经理注册需要提供哪些资料

在注册之前，需要提交给账户经理的资料包括联系人姓名、电话、邮箱（如果注册多个站点，请提供对应数量的邮箱）、要开的站点名称。账户经理审核通过之后，你需要提供的资料包括但不仅限于以下内容。

（1）是否有比较好的供应链或者合作工厂？是否有品牌？请给出详细介绍。

（2）注册后一上线会不会发 FBA（Fullfill By Amazon，指的是卖家先把产品发到亚马逊仓库，亚马逊再来发货给买家的行为）？发 FBA 占总产品的比重会有多大？如果不发 FBA，计划通过什么方式发送？

（3）注册后一有购物车会做关键词广告吗？广告的预算是多少？

（4）是否有专业的亚马逊运营团队？团队情况如何？有无亚马逊运营经验或者其他平台经验？

（5）预计上线半年的销售额有多少？

（6）有其他销售平台的店铺销售额及链接吗？若有，请提供公司官网或者品牌官网以供参考。

（7）公司营业执照电子版（附件发送）。

（8）其他补充（亚马逊运营计划及做亚马逊的特殊优势等）。

- 如何做选品？
- 产品设计方是谁？会不会有侵权的图案或元素（卡通、电影明星、肖像、驰名商标）？
- 如果是工厂，有无相关外贸经验？出口到哪个国家？做什么产品？
- 运营人员背景等。

5. 如何填写账户经理要求的资料

填写账户经理要求的资料很关键，因为这决定着我们是否能够通过账户经理的初审拿到注册链接。以下是笔者总结出的三条经验，这三条经验曾经帮助笔者的学员们100%成功地拿到注册链接。

首先要发 FBA，这一点很关键，因为账户经理的业绩是计算你发 FBA 部分的。其次，前期一定要加大广告的投入。最后，团队要有一个良好的背景。你在其他平台可以信心不足，但是在亚马逊你一定要有信心，因为这里从产品到运营都要有专业的团队。

只要做好这三条，就能很容易地拿到注册链接。当然，如果你对自己填写的内容不自信，还可以联系笔者帮忙审核，提高通过概率。

1.3 自行注册的流程

自行注册的流程其实并不难，官方也有注册指导书。所以，这里只补充指导书里面没提到的一些内容。

注意：亚马逊的注册每个国家都差不多，此处以美国站为例。

1.3.1 自行注册流程简介

全球开店的网址在这里：https://gs.amazon.cn/ ，打开页面之后，进入如图 1-2 所示的页面，点开“北美开店”页面。

初始注册的页面显示如图 1-3 所示，这里需要填写的是用户名和密码信息。

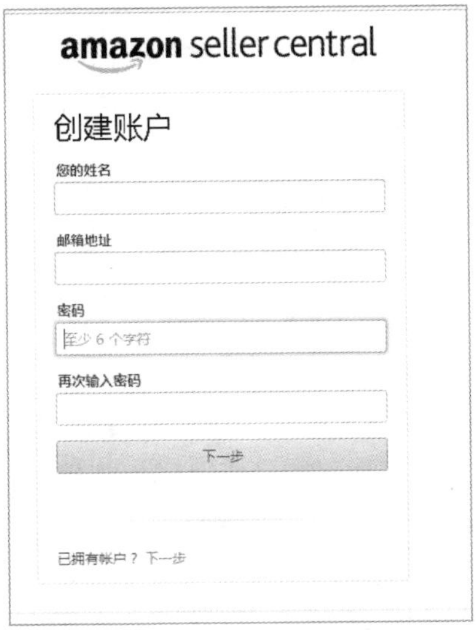

图 1-3　初始注册页面

输入新建用户名和密码，点击“下一步”按钮，开始注册一个新的亚马逊账户。具体的注册流程按页面上的注册指导操作即可，接下来我们只强调几个难点。

1.3.2　自行注册所需资料

自行注册时，需要准备好如下资料。

- 一张可以收款的 Payoneer 卡（或者其他收款机构的收款卡）。
- 一张可以带有外币支付功能的信用卡，这里推荐 Visa 卡。MasterCard（M 卡）在亚马逊付款时容易出现问题，所以为了避免麻烦，我们不推荐使用 M 卡来付费。当然，你使用 American Express 为美国站付费或者使用 JCB 为日本站付费，都是可以的。
- 一个可以正常使用的手机。注册的时候需要验证码，如果你的英语水平不高，无法接电话听验证码，推荐使用移动或者联通来接收短信。
- 你的营业执照和信用卡详细地址。

注意：在注册过程中，所有资料请使用拼音来填写，且需要和信用卡账单或者营业执照上一字不差，否则后面会引来“各种资料不一致”的麻烦。如果你有拼写障碍，请在确认提交前仔细确认所填写拼音的正确性。

1.3.3 需注意部分的填写

接下来，就可以开始真正的注册了。具体的流程，官方文档里写得非常清晰，不需要我们再详细叙述。在这里，我们只讲解注册过程中的几个需要注意的地方。

首先，在税务调查之前会出现如图 1-4 所示的页面，亚马逊会在注册中要求填写受益人，这一点在官方指导文档里并没有给出，很多人在注册时会不知所措。

这里需要填写的是自己的实际情况。如果是英文版的，你就会发现这里的显示是“Business”，它表达的并不是业务的意思。在图 1.4 中，个人注册选前者，公司注册选后者。选择之后，正常填写资料即可。

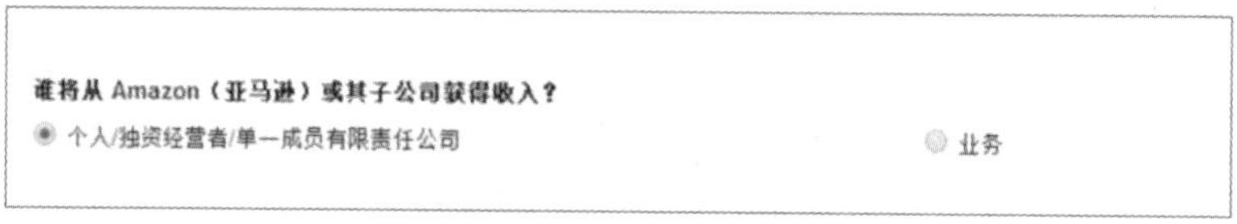

图 1-4　税务调查之前的必填项

其次，关于地址和信息的填写。涉及人名的部分建议按照姓名书写，例如张丹写成 zhangdan 就可以。当然，如果你写成 danzhang 也没有关系，只要和以后所有的地方保持一致就可以。

涉及地址的部分，逐字写拼音即可。如果公司名过长，解决方法有三步，第一步为删“省”“市”这样的词，第二步为删空格，第三步是把有限公司改为 Co,ltd，以上三步不必每一步都做，任意一步骤修改后若长度够了即可停止。

涉及收款卡的部分，记得要选择对应的国家填写 P 卡，默认的填写电话号码的国家一般是当地国家，请点击号码空格前小国旗将其修改成中国之后再点击获取验证码，否则你的验证码会一直收不到。如果填写正确之后依然收不到验证码或者电话，请多试几次，这属于正常现象。

注意：关于美国站的自行注册，最关键的就在于我们要不要在这上面进行注册，区分的方法很简单，是否是中国内地公司，仅仅这一条就可以帮助我们厘清这层关系。需要注意的是，如果你的公司是在中国的港澳台地区注册的，请在美国站（欧洲站、日本站）进行自行注册。

1.3.4　需特别注意美国站的自注册

美国站的自注册即通过 https://www.amazon.com/来进行注册，打开页面以后一直向下拉，来到 Make Money with Us 这个版块（见图 1-5），点击下面的第一行（Sell on Amazon），即可开始注册。

图 1-5　美国官网自注册

点开之后，会来到一个类似全球开店的页面，如图 1-6 所示，这时就可以从这个页面开始进行注册了。

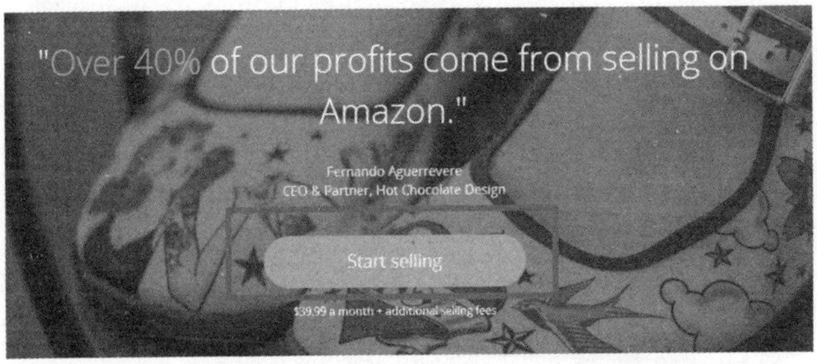

图 1-6　美国站自注册开始页面

注意：这个页面注册仅建议非中国内地公司进行注册。如果你是中国内地公司，强烈建议通过全球开店渠道进行注册。

点击页面中的 Start selling 按钮即可开始在美国站注册。点击之后，你就会来到一个感觉很熟悉的页面，这个页面其实就是我们在全球开店注册的英文版。如果你不太明白，去全球开店页面：http://gs.amazon.cn 下载注册指导的 PDF 文档参考注册即可。

本章把亚马逊账户的所有类型都梳理了一遍，希望能帮助大家彻底厘清亚马逊不同账户的不同意义，选择适合自己的账户。

第 2 章

三步选品，不要犹豫

做亚马逊的人大多会在选品上纠结很久，而且选品真的是一个永恒的话题。很多人在选品上耗费了大量的时间，也走了很多弯路。

其实，这完全没有必要，很多人选品纠结了很久，在选好之后，才发现还是回到了最初的起点。选品时千万不要犹豫，很多时候，你选的产品是没有问题的，问题往往是由于自己不够坚定导致的，就目前的亚马逊来说，你能选到真的不好卖的产品的概率很低。

对于亚马逊选品来说，切忌盲从，很多人有这样一个不好的习惯：隔壁张三卖某某产品卖好了，我也卖。但只有适合自己的产品才是最好的，切勿削足适履，毕竟你只看到了别人光鲜亮丽的一面，背后的辛酸经历你未必能了解到。别人付出的努力才是卖得好的原因，而不仅仅是一个产品表面。

当然，产品本身也很重要，做亚马逊，毕竟还是以产品为王，一个好的、适合自己的产品非常重要。所以，下面我们来梳理一下到底该如何选品。

2.1　选品首先应该选什么

很多人选品的时候都会非常犹豫，不知道该如何下手，这里我们来和大家探讨一下选品的基本步骤，教大家一步一步地选出适合自己的产品。

2.1.1　从自身出发，别走别人的路

在本章开篇我们就提到，选品切忌盲从。那么，究竟怎样做才算不盲从呢？其实很简单，在选品时定下一个主基调，选品第一原则是选择自己感兴趣的产品，或者自己了解的产品。

所以，我们选品的第一步是找出自己感兴趣的类目，或者曾经了解过的类目。这样，可以在之后的运营中做到事半功倍。

或许有人觉得没有什么特别了解或者感兴趣的类目，其实不然，人生活在这个社会，必然会接触到很多产品，有些产品用着用着就熟悉了。所以，我们不妨在选品时，打开阿里巴巴网站，看着上面的类目，肯定能找到自己熟悉的产品。

例如，很多刚生完孩子的宝妈会对一些婴幼儿用品和孕产妇用品了解不少；有些男性，可能会对汽车配件或者车载用品了解很多。

2.1.2　找到产品的上游供应商

前面我们提到去阿里巴巴网站上筛选产品。这是一个筛选产品的思路，但是，很多人非常依赖在阿里巴巴上找到的供应商，却不加以甄别。阿里巴巴上的供应商多如牛毛，但并不是每一个我们都可以去合作。众所周知，亚马逊现在的竞争已经趋于白热化，曾经的高利润平台现在也逐渐跌入凡尘。所以，进货价也会成为制约我们选品的一个重要因素。

同样的产品，如果别人的进货价比你的低十几元，那么你在亚马逊很可能就竞争不过别人。虽然价格不是亚马逊上影响成交的唯一要素，但不可否认的是，价格是比较重要的一个因素。

如果你一不小心找到一个 *N* 手的经销商，那么他一定会成为你做亚马逊的一个噩梦。所以，这里我们要给大家讲一个产业带的概念。

人们喜欢扎堆，工厂也一样，很多地方有非常多的生产相同或者类似产品的厂家聚集，久而久之，这种地方就形成了一个此类产品的产业带。我们在产品的产业带上选择自己想做的产品，选到好产品的概率就要比其他地方高很多。

因此，我们在按照自己的喜好和兴趣挑好一些类目以后，需要将这些类目的产业带找到，然后进一步去挑选合适的厂家。如果对于一些产品我们找不到产业带，就可以在这一步放弃这些产品。

在筛选产业带的时候不要盲目，有些产品有多个产业带，比如箱包，有广州和白沟两个不同的产业带，如果要选择高端的箱包，就选择广州箱包产业带，如果想选择一些低价的产品，不妨去白沟看看。

不要找到一个产业带就觉得已经到达了成功的彼岸，要多看看是否还有不同的选择，如果发现有不同的产业带，则应该认真比较一下，可以在网上搜集一些当地产业带的资料，发现其中的区别。一般来说，每个产业带都有其不同的特点，应该选择适合自己的产业带再继续向下挖掘。

笔者整理了一些产业带帮助大家选择适合自己的产品，如表 2-1 所示。

表 2-1　产业带选择

产　品	产业集群地	产　品	产业集群地	产　品	产业集群地
袜子	诸暨	3C 数码	深圳	家纺	盛泽
雪地靴	孟州/镇江	小商品	义乌	内衣	福建/连云港
鞋子	晋江/泉州	五金	永康	轻纺	南通
箱包	广州/白沟	LED 灯饰	中山	泳衣	葫芦岛
服装	广州/杭州	家具	顺德	……	……

2.1.3　选品——如何发现必备潜质

众所周知，给自己的店铺选产品时，一定要选出三款特色“产品”，那么这里的三款特色“产品”指的是什么呢？

1．爆款

爆款已经成为某些人用来吹嘘的工具，但是作为一个卖家，你的产品里必须有一款爆款来维持初始的销量，因为爆款产品是客户已经接受的产品，这种产品在刚开始的时候更多的是给你一种信心，因为已经成熟的产品转化率通常会更高，而且需求比较普遍，所以大家都会去购买。

在经过筛选之后，一定要找出适合自己的爆款产品，要多去参考你所做的类目的销售排名靠前的产品（在产品详情页下面都会有 Sales Rank，在里面可以直接查看当前类目的销量排名），这些产品都是当前类目销量最大的产品，属于爆款产品。这样便于你把业务开展起来，因为你在亚马逊新上的产品会有流量扶持。好好利用这个流量扶持，对你的账户很关键。

2．主流款

作为一个卖家，一定要有自己的主流款产品，这款产品应该是你的销量担当，其利润不一定是最高的，但是一定要比爆款的利润高，这样你的销量和利润才能更好。所以，主流款的打造才是我们最应该做的事情。而主流款的要求就是其供应要稳定，质量要稳定，因为主流款通常是主打款，所以“稳定”是第一位的。选好一个产品并将其打造成主流款，需要投入非常多的精力。

比如找人测评，广告的梳理，产品的优化，这款产品是你着重花精力打造的一款，万万不可懈怠。

3．利润款

利润款产品的选择也很重要，在每一个领域都会有一些新产品不断出现，这些新产品会有一些新的功能和新的设计，这些都应该是你的利润点。

例如，优盘这个产品，如果只是普普通通的优盘，那么它很难成为你的利润款。但如果（这里只是假设一个场景来举例，请做优盘的同学不要鄙视）你的优盘可以和手机相连直接传送资料，那么同样内存大小的优盘的价格就要比普通优盘高很多，利润自然也就高很多。如图 2-1 所示，一个加上了手机传输功能的优盘的价格要比普通的优盘高出 1/3。

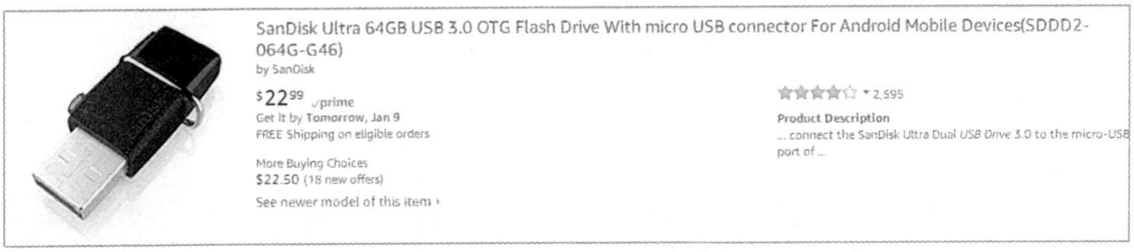

图 2-1　多功能优盘售价

再如，你卖服装或箱包，那么一旦有新款的服装或者包包，你就应该适时推出。

因为这些款式别人还没有，这样可以充分吸引买家，同时你的利润也可以做到最高点。

根据以上内容，可以确定我们的类目、产品、款式。接下来还需要进一步筛选。因为我们每个人做的平台可能会是不同国家，所以现在就要开始针对我们要做的区域，一步步地检验我们的产品是否适合该区域。

2.2 产品销售需考虑的地域因素

每个产品的销售都有其地域性，特别是一些地域的气候、人文特点，都会对这个产品的销售产生不小的影响。接下来，我们就来看一下具体有哪些地域因素会对产品销售产生影响。

2.2.1 气候特征

分析销售市场所在国家的气候特征是怎样的，可以为我们销售产品带来一定的帮助。很多人认为这个步骤毫无作用，认为对很多厂家来说，销售市场所在国家的气候似乎不会影响它们的生产。

举例来说，有一种叫作“户外防雨烧烤架”的产品，在正常人的理解范围内，既然下雨了，就不要去户外烧烤了。但这种产品还是出现了，并且还很好销售，这是为什么？因为这个产品主要是销往英国的。众所周知，英国的气候是温带海洋性气候，它的特征就是温润潮湿，随时可能下雨，所以这种产品就是为了应对英国的这种气候而出现的。

如果一家工厂能够开发出适应当地气候的产品，这样的产品不就是我们上文中提到的利润款吗？并且，这个利润款还可能成为你的主流款。当你的利润款成为你的主流款的时候，利润就会极大地增加。

所以，如果你要做某个区域的市场，首先请分析一下这个区域的气候特征。特别是像欧洲和日本，面积不算特别大，这一点就非常重要。比如对于在本书创作时逐渐开放的澳大利亚市场，南半球的气候特征也是需要我们尤其注意的。

2.2.2 公共节假日

我们还需要考虑销售市场所在国家的公共节假日。因为在国外没有那么多的人设节日，所以这些公共节假日就很关键。像欧洲的节假日本身就比较少，所以每一个节假日都很重要，在有些国家如果错过一个真的要等半年。

大家应该整理出一些主要国家的全年节假日并形成列表，如表 2-2 所示。牢牢记住这些日子，并在这些节假日来临之前做一些促销准备。

表 2-2　节假日模板

国　家	日　期	节假日	热卖产品
美国	12.25	圣诞节	装饰品等
美国	11.1	万圣节	鬼怪服饰等
……	……	……	……
英国	12.26	节礼日	全品类热销

2.2.3　季节适用性

我们还需要分析产品的季节适用性，就像夏天需要卖泳衣、沙滩裤、防蚊驱暑防晒、太阳镜及夏季服饰等，冬天就需要袜子围巾手套、雪地靴及滑雪设备等。不过，需要提醒大家的是，如果要销往美国市场，就一定要弄清楚美国市场的销售特征。

分析季节适用性的目的就是为了搞清楚自己的产品在什么季节应该投入多一点的精力，搞清楚什么季节卖什么，广告的投入、测评人的招募等都需要在当前产品旺季来临之前做好准备。

2.2.4　不同区域人的生活习性

还需要分析销售市场所在地域的人的生活习性，就拿美国来说，美国人天生喜欢一些户外运动、探险，所以各类户外运动的产品销量在美国非常好卖。要知道，2016 年，全美国花在户外运动上的费用可是高达 9 300 亿美元，你可能找不到比这更大的户外用品消费市场了。

在这里还要提一下前面提到的季节性问题，按照正常逻辑，像泳衣、沙滩裤这类夏天的产品，我们不会在冬天进行大量铺货。

但通过谷歌趋势可以清晰地看到（见图 2-2），像泳衣这类产品，在我们想当然的淡季其实却有着还不错的搜索量。加上线下商城在此时难以买到夏季产品，所以这类反季节产品在冬天是一个不错的机遇。

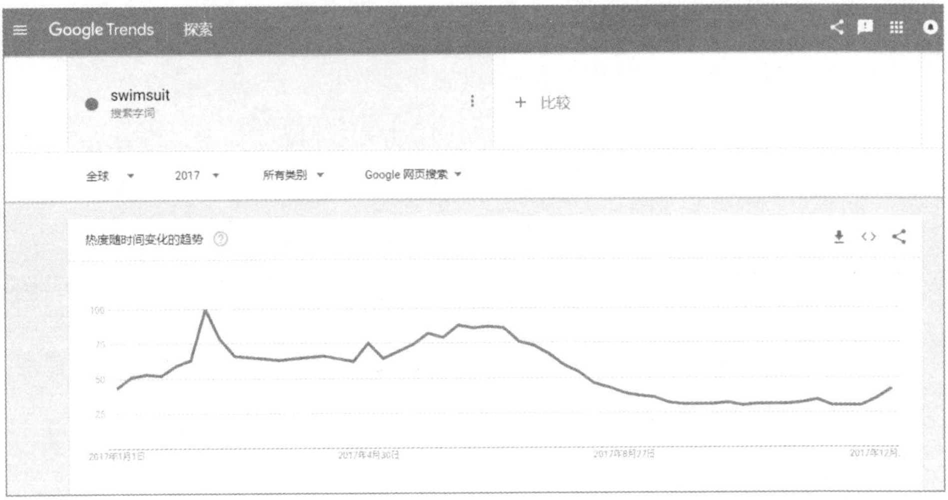

图 2-2　泳衣一年趋势

为什么会出现这种情况呢？这还是和美国人的生活习惯及地理有关。美国是一个国土面积比较大的国家，并且海岸线绵长，所以美国人习惯在冬天来到温暖的沙滩度假。所以从这一点就可以分析出来，认真去了解一个产品非常重要。

每个国家的人生活习性都不一样，如果想了解一个国家的生活习惯，第一，你可以去看这个国家哪些产品比较热门；第二，你可以去找一些当地比较热门的折扣类型的论坛（谷歌可以帮到我们），看看这些折扣网站上的最热门的产品都有哪些。

2.2.5　人群购买力

每个国家的贫富程度不一样，这就决定了我们需要考虑把什么样价位的产品卖去什么样的国家。你可以通过观察这个国家的主流购物网站产品的价格，做一个参考，这样就能知道你这个价位的产品在这个国家是否会有好的销量。特别是对一些经济欠发达的地区，这一点尤其重要。

所以，这些步骤能够帮助我们检验出这些产品是否适合我们当前所准备销售产品的国家。请务必严格按照这些标准来筛选产品，每一条都不可以遗漏。

第 3 章

隔山打牛——用 Google 找关键词

众所周知，做亚马逊，关键词是非常重要的一个部分。我们要打造一个所谓的好的 listing（即产品详情页），无非就是打造这个 listing 的亲客户性。如果客户能在你的 listing 上看到他们想要的内容，自然就更容易形成购买。所以，本章就和大家一起来探讨与关键词相关的内容。通过对关键词的研究，一步步地满足客户需求，把你的 listing 打造得人见人爱。

3.1 如何选取关键词

很多人一遇到选关键词就会犯愁，不知道该从哪里选，不知道怎样选到适合自己、适合客户的关键词。所以，本节就来解决这个问题。

3.1.1 市面上关键词工具的现状剖析

如图 3-1 所示，随便在互联网上搜索“亚马逊关键词工具”，你就会找出很多纷繁复杂的工具，每个工具都在宣称自己的易用性、准确性等。那么，这么多的关键词工具，其内在到底是什么呢？接下来，我们就来剖析一番。

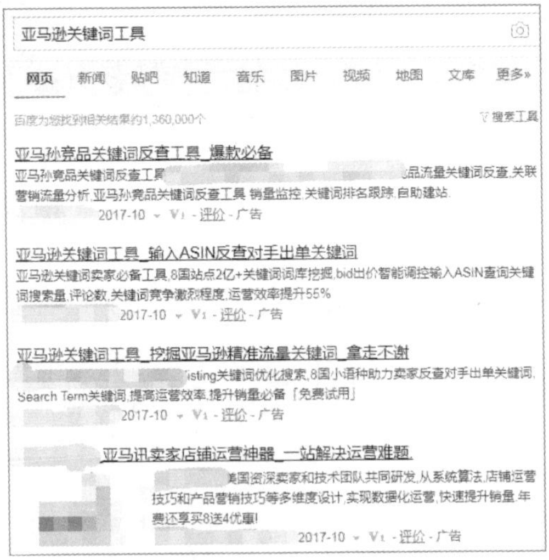

图 3-1 纷繁复杂的亚马逊关键词工具

从一个专业的角度来说，筛选关键词还需要一个数据库，这个数据库就是客户的真实搜索。这个数据库越庞大，说明搜索的人越多，词越精准。所以，我们选关键词其实就是从客户搜索的数据库里找到我们能用的词语。

那么，哪里有这样的数据库呢？市面上有那么多关键词工具，到底哪个才是最靠谱的一个呢？要想了解这个问题，先要搞明白市面上的关键词工具到底有哪些。

现在只要是做亚马逊的，谁不能随口说出几个关键词工具呢？这些被随口说出的关键词工具又是什么呢？其实，它们就只是一个“壳”，因为关键词的存在必须依赖于真实的数据库。那些被随口说出的关键词工具是没有这些数据库的，因为它们不可能有用户的真实搜索记录。所以，它们的作用就像一个关键词的汲取工具，从别人的数据库里挖出那些数据，然后供大家使用。

但并不是说这些软件没有作用，在我们没有其他准确的数据库来源之前，这些软件的作用还是不小的。毕竟关键词的选择，对我们的 listing 非常重要。千万不可凭空去猜、去想，否则这些不靠谱的行为会让你的产品无人问津。

3.1.2　应该选择什么样的关键词工具

从前文可以看出，关键词工具可以分为数据库型和工具壳型。这两种类型的关键词工具各有各的优缺点，数据库型的关键词工具精准、可信赖。工具壳型的关键词工具使用方便、简单，人人都可以轻松上手，但是数据来源的不确定性（目前来说，没有一个关键词工具会公布其真正的数据来源）及数据的不完整性导致了这类工具的数据准确性和真实性会遭人质疑。

如果可以，建议尽量使用数据库型的关键词工具（比如本章所探讨的 Google AdWords）。选词应全面、准确，能够准确地看到客户在搜什么，当然也需要自行过滤掉那些不适合的词语。这也需要我们对产品有所了解，这本身就是一个必不可少的过程。

3.1.3　亚马逊是不是好的关键词提供方

诚然，亚马逊如果能够把客户搜索的关键词提供给我们去做广告或者创建 listing，这是一件非常好的事情。但是很遗憾，亚马逊并不提供关键词查询功能，你唯一能在亚马逊找到的关键词的位置只有广告推荐关键词和广告报表里的客户点击关键词。

这两个地方的关键词都需要在完成你的 listing 以后再去使用，换句话说，就是你并没有好的办法在创建 listing 时获取到太多的亚马逊的关键词提示，如图 3-2 所示，如果不断从下拉框里换关键词去查看客户的搜索数据，一来耗时费力，二来不全面，并且无法保证相关性。

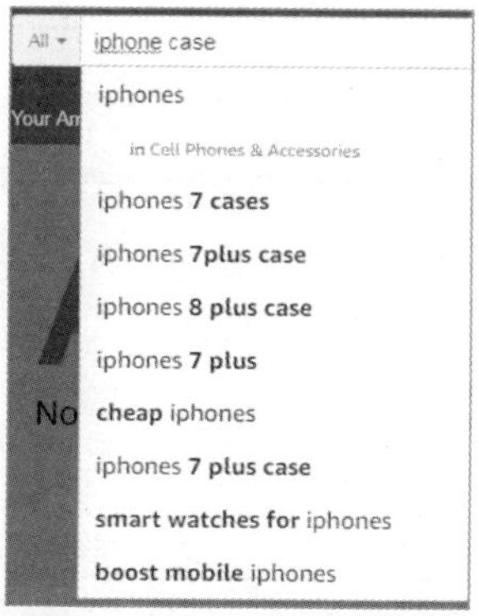

图 3-2　下拉框推荐的关键词

从目前来看，亚马逊虽然是一个好的关键词提供方，但由于它并没有想在这方面给大家提供很多数据，哪怕是广告组的关键词提示的数量都很少，我们其实并不能够从亚马逊上获得很多关键词，所以，借助第三方关键词数据库是必不可少的。

3.2　教你使用关键词工具神器——Google AdWords

Google 是全世界最大的网民信息入口，它给出的数据一般具有完整性和权威性的特点，所以我们拿这个工具来教大家使用。

3.2.1　如何科学使用 AdWords

AdWords 是谷歌旗下一个非常优秀的关键词工具，但是由于目前政策法规的限制，我们无法直接使用这个工具。

3.2.2　如何开始使用 AdWords 找关键词

https://adwords.google.com/这个网址就是 AdWords 的首页，点开之后即可自行注册账户或者使用现有的账户直接登录。

注意：这里建议使用 Gmail 邮箱来注册。

登录进去之后，你会看到如图 3-3 所示的很多选项卡，但这里的绝大多数选项卡对我们来说都是没有意义的，我们只用到这里的关键词工具即可。

图 3-3　AdWords 选项卡

关键词工具的选项卡就在“工具”下面的“关键字规划师”，如图 3-4 所示。点击该选项就可以打开关键字规划师功能页并开始查找我们的关键词。

图 3-4　关键词规划师位置

点开“关键字规划师”之后，点击“使用某个词组，网站或者类别搜索新关键词”（见图 3-5），即可来到其功能页上。

图 3-5 搜索关键词第一步

在如图 3-6 所示的功能页上的第一个框里输入产品核心关键词（关于如何确定产品核心关键词，我们会在下一章讨论），其他框无须填写任何内容。

图 3-6 输入核心关键词的位置

接下来就是国家和语言选项，如图 3-7 所示，这里需要选择国家和其对应语言。切记这一步不可做错，否则后面得到的关键词数据都会差之千里。

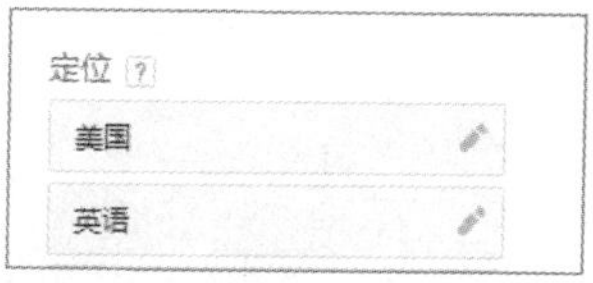

图 3-7 选择需要的国家和语言

选好之后就可以点击右侧，在如图 3-8 所示“获取参考提示”界面，获取我们所需要的关键词。

图 3-8　开始搜索关键词

在谷歌完成数据库检索之后，会在右边列出对应的结果，如图 3-9 所示。一则显示“广告组参考提示”，另一则显示“关键词参考提示”。我们应该如何选择这两组关键词提示呢？

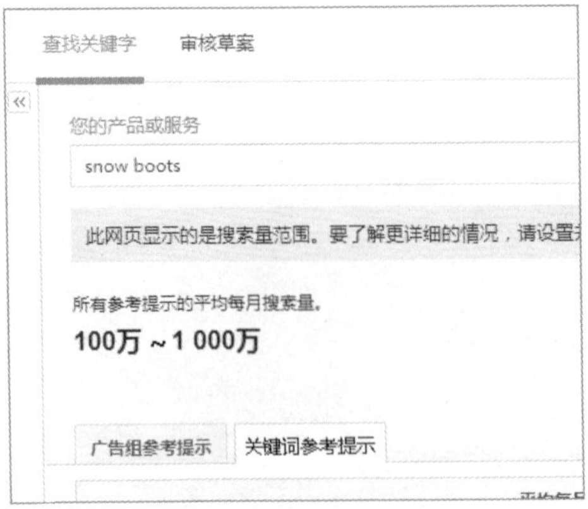

图 3-9　两种关键词报表

从结果上来说，关键词参考提示和广告组参考提示其实是没有太大差别的。我们将两组关键词分别下载下来，就能看出两者从数量和内容上都没有太大的区别。那么两者的区别到底在哪里呢？

我们用 snow boots 作为关键词去搜索，之后将两个文档分别打开，很快就能发现区别。关键词参考提示处集合的是各类客户搜索的各类关键词，如图 3-10 所示，没有任何条理性和逻辑性。

A	B
Ad group	Keyword
Seed Keywords	snow boots
Keyword Ideas	winter boots
Keyword Ideas	womens snow boots
Keyword Ideas	womens winter boots
Keyword Ideas	snowboots
Keyword Ideas	winter boots for women
Keyword Ideas	mens snow boots
Keyword Ideas	ladies snow boots
Keyword Ideas	best snow boots
Keyword Ideas	ladies winter boots
Keyword Ideas	winter shoes

图 3-10　关键词参考提示

广告组参考提示处则非常整齐地按照不同的关键词主题归纳了各种属性的关键词，如图 3-11 所示。这些关键词整齐划一地被谷歌整理在不同的主题里，非常方便我们后期整理和归纳使用关键词。

A	B
Womens Snow	pretty womens snow boots
Womens Snow	cool womens snow boots
Womens Snow	cheap womens snow boots
Womens Snow	shoes for snow for women
Womens Snow	snow boots women brown
Womens Snow	womens snow boots online
Womens Snow	best womens shoes for snow
Womens Snow	womens winter snow shoes
Womens Snow	snow women shoes
Womens Snow	womens snow boots zip up
Boots Sale	snow boots sale
Boots Sale	winter boots sale
Boots Sale	winter boots sale womens
Boots Sale	womens winter boots sale
Boots Sale	womens winter boots for sale
Boots Sale	winter snow boots on sale
Boots Sale	female winter boots sale
Ladies Snow	ladies snow boots
Ladies Snow	ladies snow boots waterproof

图 3-11　广告组参考提示

综上所述，我们只需要在点击获取关键词参考提示之后选择广告组参考提示来筛选关键词即可。这样不仅可以极大地省去筛选关键词的时间，并且对 listing 的创建也有非常重要的意义。

3.2.3　如何确定核心关键词并开始查询

要查找一个产品的关键词，最关键的一步就是确认核心关键词，否则就是“一步错、步步错”。举个例子，核心关键词就相当于跑马拉松时领跑的那个人，一旦领跑的人跑错了方向，后面的人都会跟错，哪怕跑得再远，最终也还是没法到达目的地。

其实，确立产品核心关键词并不难，建议大家不要把范围局限在一些小的方向上，宁可从大的范围里去筛选也不要从小范围里选择，因为那样做非常容易漏掉词。有人可能会说，漏掉一两个词也没多大关系。要知道，这里所有出现的关键词都会是成千上万的人在搜索的词，你漏掉一个词，可能漏掉的就是一批客户。

所以在了解了你的产品之后，再确定核心关键词就不难了。比如帽子，核心关键词就用 hat；再比如 iPhone 7 手机壳，核心关键词就是 iphone 7 case。切记，不要缩小范围，否则你的方向就可能发生错误。

综上所述，我们在确定一个产品的核心关键词时切忌将范围缩得太窄，否则容易漏词。宁可范围大一些，多花些精力去找关键词，也不要把范围缩窄。

3.3 应如何处理找出来的关键词

通过谷歌关键词工具，一次就能找出来几百个关键词，而且找出来的关键词纷繁复杂，我们不可能把所有的词都运用起来。所以，要先弄明白我们到底需要把什么样的关键词找出来用在亚马逊上。

在谷歌里找出来的词大致可以分为两类，一类为交易类的关键词，另一类为信息类的关键词。我们用在亚马逊上的通常是交易类的关键词，而不会用那些信息类的关键词，因为它们不适用于亚马逊这类垂直搜索引擎。那么，到底什么是交易类关键词，什么是信息类关键词呢？

3.3.1 交易类关键词

亚马逊上的交易类关键词通常指的是那些用来直接搜索产品本身的词，客户在搜这个关键词时心里想的是这个产品本身。

例如“wireless phone charger for iphone X”，这样的词目的性非常明显，客户就是在找苹果 X 的无线充电器，再如“womens crossbody handbag black”，这样的词目的性也非常明显，客户要找的包及其特征都清楚明白地写在了关键词里。如果是这样的客户在亚马逊搜索，那么他们的购物意向是非常明确的。所以，这类关键词要果断留下来。

注意：我们这里讨论的交易类关键词是针对亚马逊的，所以此规则只适用于亚马逊平台，其他平台及自建站不保证完全适用。

3.3.2 信息类关键词

信息类关键词可分为两种，一种是纯信息类的关键词，客户搜索这种关键词的目的就是找答案，不是为了任何消费。比如“how to upload videos on facebook”，用户搜索这样的关键词，目的仅仅是找一个解决方案，这类客户不可能在我们这里形成消费，所以可以忽略。

第二种是那些看起来交易欲望很强烈的关键词，实际上却不适用于亚马逊。例如“cheap snow boots online”，这类关键词对于做独立站的人来说是一个很好的词，但是对于做亚马逊的人来说却不是一个好词，因为搜索这类词的客户，其目的不在于产品本身，他们更倾向于寻找一个打折的地方，所以也可以忽略。

通常，我们在亚马逊上展示的是一个个产品，我们希望客户所做的是点击“Add to cart”或者“Buy now with 1-click”。我们并不希望客户仅仅来这里参观一下，所以，cheap，discount，sale，clearance，best price 等词可能更适合独立站，而不适合亚马逊的卖家。

有人可能会说，如果你的产品折扣够低，这类客户不就能在你这里下单了吗！是的，这种说法看似有道理。但这类客户本来就只是比比价，更何况亚马逊有太多低价产品让他去比较了。我们一个 listing 能放的关键词是有限的，一定要把好钢用在刀刃上，选择最适合的关键词。

3.3.3　如何删掉不需要的信息类关键词

我们的关键词报告里有非常多的词汇，这里使用广告组参考提示的好处就能充分显示出来了。如图 3-12 所示，可以通过谷歌帮我们总结出左边的广告组，快速删除那些不需要的主题词汇。

A	B
Ad group	Keyword
Womens Snow	womens snow boots
Womens Snow	womens snow boots sale
Womens Snow	womens snow shoes
Womens Snow	womens winter snow boots
Womens Snow	snow shoes womens
Womens Snow	womens black snow boots
Womens Snow	snow boots for womens with ice gr
Womens Snow	womens snow boots with fur
Womens Snow	cute snow boots for women
Womens Snow	slip on snow boots womens
Womens Snow	popular womens snow boots
Womens Snow	womens cute snow boots
Womens Snow	womens dress snow boots

图 3-12　谷歌帮我们筛选好的主题词汇

这时候，我们只需要删除那些我们不需要的主题词汇，如图 3-13 所示。我们之前提到的 sale 这个主题就是我们在亚马逊不需要的，所以我们第一步要做的就是把这类主题词汇删除。

Boots Sale	snow boots sale
Boots Sale	winter boots sale
Boots Sale	winter boots sale womens
Boots Sale	womens winter boots sale
Boots Sale	womens winter boots for sale
Boots Sale	winter snow boots on sale
Boots Sale	female winter boots sale

图 3-13　删除我们不需要的主题词汇

删除这样的主题词汇之后再看 B 列，如图 3-14 所示，这里依然会出现一些信息类的词汇被归到其他的相关主题下。由于这些词汇都是零散出现的，所以删除时要仔细。

Waterproof Snow	**waterproof snow boots sale**
Waterproof Snow	womens waterproof snow shoes
Waterproof Snow	winter snow waterproof boots
Waterproof Snow	waterproof womens snow boots
Waterproof Snow	snow waterproof shoes
Warm Boots	warm boots
Warm Boots	warm winter boots
Warm Boots	warm snow boots
Warm Boots	ladies warm boots
Warm Boots	ladies warm winter boots
Warm Boots	warm black winter boots
Warm Boots	warm winter boots on sale
Warm Boots	slip on warm winter boots
Warm Boots	**where to buy warm winter boot**

图 3-14　一些零散的信息类关键词

删完这些关键词后，就会得到一份完整的、相关性很强的关键词列表。但是，这份列表里面的关键词都是我们所需要的吗？

3.3.4　如何筛选和产品属性不相关的交易类关键词

在我们的关键词列表里，各种属性的关键词都有，但我们的产品一般都只会有一种属性。如图 3-15 所示，关键词列表里会有一些无法共存于同一个产品里的关键词。

Tall Snow	tall snow boots
Tall Snow	women's tall snow boots
Tall Snow	tall snow boots waterproof
Tall Snow	tall snow boots with fur
Tall Snow	ladies tall snow boots
Tall Snow	women's tall waterproof snow boot
Tall Snow	tall black snow boots
Tall Snow	tall leather snow boots
Tall Snow	cute tall snow boots
Short Winter	short winter boots
Short Winter	women's short winter boots
Short Winter	short black winter boots
Short Winter	ladies short winter boots
Short Winter	short warm winter boots
Short Winter	womens winter boots short
Short Winter	winter boots women short

图 3-15 一些无法共存于同一个产品里的关键词

这类关键词一般是款式、颜色、尺寸、材质之类的词汇，比如图 3-15 中，一双靴子不可能同时存在长、短两种属性。所以，我们需要删除或者分开那些不符合我们当前产品属性的关键词，如果目前我们在研究关键词的这款雪地靴是一款长筒的羊皮材质的栗色雪地靴，那么和这些属性不一致的关键词都不要删除。

通过“一要删除和亚马逊上无关的关键词，二要删除和当前产品不一致的图片”这两步，可以保证选择出来的关键词和我们当前运营平台和运营产品保持一致。否则，我们选择出的关键词就无法准确定位到我们的精准客户。试想一下，一位客户想要一款粉色的雪地靴，我们的却是栗色的，但由于我们错误地把粉色的关键词也分布在我们的产品里，那么“粉色雪地靴”关键词带来的客户大多数都会是不精准的客户，跳出率会很高，对我们的 listing 不利。

经过几次筛选，最后用合适的关键词来打造我们的 listing。

3.3.5 如何快速找到能用在标题里的关键词

一个产品的标题是这个产品最核心的位置，最能决定这个产品的点击率。所以，一定要慎重、认真地选择标题里的关键词。

回到如图 3-12 所示的那张关键词表格上，A 列的词是 B 列所有关键词的核心。

如图 3-16 所示，现在我们需要把 A 列的关键词单独放在新的列表里，然后去重，得到一个新的列 C，C 列就是 A 列经过去重后得到的结果。

Womens Snow
Ladies Snow
Waterproof Snow
Winter Shoes
Warm Boots
Ladies Winter
Cute Boots
Black Winter
Waterproof Winter
Womens Warm
Winter Snow
Boots Women's
Tall Winter
Tall Snow
Women's Waterproof
Short Winter
Womens Waterproof
Leather Winter
Winter Booties
Boots Water
Women's Snow
Insulated Winter
Warm Waterproof
Leather Snow
Snow Shoes
Long Boots
Snow Boots

图 3-16　去重后得到的核心词汇

但是，去重后得到的核心词汇数量依然不少，如果用它们来写标题字数依然会太多。我们应该如何最终运用到标题上去呢？首先要搞明白一个误区，标题的字数就限制在那里（从 2017 年下半年起，亚马逊很多类目的标题长度都被限制在 80 个字符以内），我们不可能把客户搜索的所有词都完完整整地体现在标题里。从可操作性方面来说不现实，而且这样操作也会让标题变成一个关键词的堆砌，让你的标题看起来凌乱不堪，非常影响产品点击率。我们来看以下两个例子：

例 1：***（品牌名） Women's cute leather warm snow boots for winter – Tall

例 2：women's snow boots, tall snow boots, women's warm boots, women's winter snow boots, women's leather boots.

大家很容易就能分辨出来，例 1 是一个经过深思熟虑认真写出来的通顺标题，而例 2 则是一个关键词的堆砌合集，客户不会乐于见到这类标题。

所以，我们就需要把这么多的关键词整合成我们需要的并且能够用得上的词。那么怎么整理呢？这里需要用到一个数学方法，对，你没看错，就是数学。这个方法叫作“合并同类项”，把那些同类的词汇合并起来，然后得到如图 3-17 所示的结果。

womens snow
ladies
waterproof
winter shoes
warm boots
cute
black
tall
leather
shoes
long

图 3-17　合并同类项

最后得出的这十几个词既包含了它们所有的核心内容，又满足了我们写标题的字数要求。这里的每一个词都是我们这个 listing 的精华，难道不应该被用在标题上吗？

3.3.6　适合用在短描述里的关键词

写完标题，接下来就该考虑短描述了。短描述也是非常重要的，客户来到你的产品页面以后，最能帮助他们获取重要内容和信息的就是短描述了。所以，必须把客户需要的信息和有价值的内容都放在这短短的五点描述里。

很显然，短描述的来源还应该是上述关键词，这次我们需要回到如图 3-12 所示的 B 列关键词。筛选过后得到最齐全的关键词，然后就该用它们来写短描述了（见图 3-18）。

B
Keyword
womens snow boots
womens snow boots sale
womens snow shoes
womens winter snow boots
snow shoes womens
womens black snow boots
snow boots for womens with ice grip
womens snow boots with fur
cute snow boots for women
slip on snow boots womens
popular womens snow boots
womens cute snow boots
womens dress snow boots
womens brown snow boots
warmest womens snow boots
womens snow duck boots
womens snow boots near me
rain snow boots women
womens snow booties
womens high snow boots
womens zip up snow boots
boots for the snow womens
women in snow boots
womens snow boot brands
good snow boots for women
snow proof boots womens

图 3-18　B 列关键词

这里的关键词就应该是短描述的来源，把这些词整理后就可以写成我们所需要的短描述。切记，不可以堆砌关键词，语句一定要通顺、完整。短描述应该是完整的句子，而不是词组的合集。

3.3.7　长描述该如何选择关键词

写完了标题和短描述两个部分，接下来就该写长描述了。长描述和前面两部分的书写方式截然不同，因为长描述的更大作用在于被 A9 搜索引擎抓取，所以应该把所有的长尾关键词都布局在长描述部分。

当然，长描述不可以啰嗦地写成一大段，而应该把长尾词里最关键、最核心的部分写出来。我们可以把这些长尾词打散写出，不用照本宣科，但每个在 B 列出现的词都应该出现在长描述部分。

例如，womens high snow boots, long snow boots ladies, waterproof winter snow boots，我们不能把这几个词原封不动地照抄进长描述，只要像书写标题那样把公因式提取出来，让它们出现在长描述里就可以了。因为这些都是客户长尾词的来源，所以一个都不能少。客户可能不会按照你规划好的词一模一样地去搜，但万变不离其宗。客户再变化形式，你只要不丢掉其核心，被展示的机会仍然会大很多。

3.3.8 Search Term 新政只允许 250 个字符，该如何应对

亚马逊每年下半年都是政策变化莫测的时候，2017 年下半年，亚马逊对产品的关键词做出了大刀阔斧的改革，原本每行可以写 1 000 个字符的关键词栏被压缩为只能写 250 个字符。亚马逊这样做，也是为了防止大家大量地堆砌关键词。

虽然后台填写关键词的地方还可以写 1 000 个字符，但对于超过 250 个字符的关键词亚马逊是不收录的。在亚马逊首页产品搜索框里输入你的“ASIN+关键词”，如图 3-19 所示，如果可以显示出搜索结果，就说明你的关键词被收录了。

图 3-19　关键词被亚马逊收录后的结果

如果你的关键词没有被亚马逊收录，就会显示如图 3-20 所示的结果。

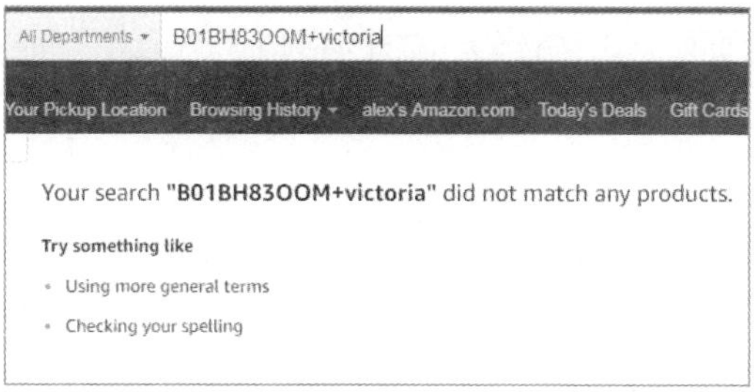

图 3.20　关键词没有被亚马逊收录的显示结果

也就是说，你有权写很多关键词，但亚马逊也有权不收录。所以还是要老老实实地遵守亚马逊的规则，填满 250 个字符即可。

那么，填写的原则是什么呢？就是补缺。如果你有哪些关键词觉得很重要，或者碍于篇幅的限制实在没办法在标题、短描述或者长描述里出现，就把它们写在关键词里，这样客户在搜索该关键词的时候，依然可以搜索出来我们的产品。

3.3.9　手动广告词如何挑选

另外，手动广告也需要大量的关键词。所以，应该把所有找到的词，经过一轮筛选后，首先全部放到广告组的关键词里去。是的，是全部！这些词都是客户搜索出来的，目前还没有任何理由可以把其中任何一个词删除，所以只能全部放进去。至于筛选合适的，那是以后的事情。切记，千万不要认为你可以删除任何一个词，因为你每删除一个词，就会丢失一大批搜索这个词的客户。

3.4　搜索引擎是如何抓取关键词的

本章提到了很多次搜索引擎及其工作原理。第一次接触到这些专业名词的读者可能有些懵，本节就讲一下搜索引擎及其工作原理，以更好地帮助读者理解亚马逊 A9 的工作原理。

3.4.1　索引是什么

在网速正常的情况下，我们在亚马逊搜任意一个关键词都会在极短时间内得到一个搜索结果页。很多人认为这个搜索结果页是实时产生的，其实不然，这些搜索结果都是经过亚马逊预处理的。一般搜索引擎抓取的原始页面是不可能被直接用来做排名的，而且亚马逊上的页面是以亿计的，靠任何一个程序都不可能在这么短的时间内抓取这么多页面并返回一个排名结果。

所以，亚马逊在抓取了页面上的关键词以后，必须进行一个预加工的过程，这个过程一般被称为“索引”，普通客户是感受不到这个过程的。

3.4.2 亚马逊搜索引擎是如何进行索引的

首先，亚马逊的蜘蛛（蜘蛛通常指的是搜索引擎的抓取程序，下同）会抓取页面上的文字信息，因为所有的页面除了文字以外，还包含各类前端内容，包括 HTML 代码、格式标签等，所以蜘蛛首先要把这些除了文字之外的标签、代码从抓取内容里面删除，从而形成一个纯文字的抓取结果。其实，我们看到的页面如图 3-21 所示。

```
</div>
<div class="a-row a-spacing-top-mini giveaway-product-title">
    <span class="a-text-bold">This item: </span><span>Certified Refurbished Amazon Echo (1st Generation)</span><br>
</div>
<div class="a-row a-spacing-top-medium">
    <span class="a-button"><span class="a-button-inner"><a href="/giveaway/host/setup/ref=aga_h_su_dp?_encoding=UTF8&amp;asin=B00Y3QOH5G
```

图 3-21　亚马逊代码

我们看到亚马逊代码图里有很多文字，但是对于蜘蛛来说，这里的文字最终剩下的只有一部分：This item:, Certified Refurbished Amazon Echo（1st Generation）——仅仅这么多而已。

当然，如果在里面插入一些 B 标签里着重突出的一些词，蜘蛛也会特别注意一下。

其次，去除无用词。每个页面上都有非常多的无用词，这些词本身在页面上没有任何意义，对页面的主题也没有任何贡献。比如 the，a，an，to，of，this 这样的介词，或者是在每个页面上反复出现的一些词。如图 3-22 所示，这些词在导航栏是反复出现的。蜘蛛反复地去抓取这些词没有任何意义，所以这类词也会在抓取时被去除。

图 3-22　反复出现的词

最后，亚马逊需要对抓取出来的结果进行两次索引过程，第一次索引的结果如表 3-1 所示。

表 3-1　第一次索引结果

页面序号	所包含关键词
页面 1	关键词 A，关键词 B，关键词 C…关键词 Z
页面 2	关键词 C，关键词 B，关键词 O…关键词 Y
页面 3	关键词 M，关键词 C，关键词 P…关键词 L
……	……
页面 *N*	关键词 R，关键词 A，关键词 T…关键词 U

每一个页面都会被视为一个关键词的合集。但是，这个索引结果还不能被用到搜索结果里。因为如果有客户搜索关键词 C，那么蜘蛛需要扫描所有索引库里的文件，以找到合适的结果。这个过程仍旧很漫长，无法满足客户的需求。

所以，搜索引擎要进行第二次索引，形成另外一个索引结果，如表 3-2 所示。

表 3-2　第二次索引结果

页面序号	所包含关键词
关键词 1	文件 A，文件 B，文件 C…文件 Z
关键词 2	文件 C，文件 B，文件 O…文件 Y
关键词 3	文件 M，文件 C，文件 P…文件 L
……	……
关键词 *N*	文件 R，文件 A，文件 T…文件 U

在这次索引过程中，亚马逊会把前一次的索引结果进行倒向排列，把关键词与文件的映射关系反过来。在这次索引中，关键词是主要索引依据。当客户搜索某个关键词时，这些页面文件就会立刻被抓取出来。

经过这两次索引，亚马逊才能快速地把关键词和页面排序的对应关系排列出来，才能在极短的时间内反馈给客户他们想要的搜索结果。

当然，亚马逊在进行这一系列计算的过程中，自然也会把 listing 的权重计算在内。毕竟，这才是排名的关键。

3.4.3　我们究竟需要什么样的关键词

看到这里，或许有些读者还会担心，用这种方法找出的关键词这么多，没有办法把它们全部布置在 listing 上。所以，这么多关键词到底该如何处理呢？换句话说，我们到底需要什么样的关键词？

中文搜索引擎优化方面有个术语叫作“分词”，分词是专门针对中文而出现的一种技术，英文搜索引擎是不需要这种技术的。原因是什么呢？因为英文本身每个单词中间都有空格来分割，所以并不需要分词；相反，英文搜索引擎会自行进行组词。比如，amazon echo dot 2nd generation 这样一个关键词，在搜索引擎眼中，每一个单词都是独立存在的，客户不仅会搜这个词组，还会搜 echo dot 2 这样的词，一样能搜索出我们需要的产品。

所以，读者不用担心漏掉词组，你只需要保证你的每一个单词都出现在你的 listing 里就可以了。就像我们在提取标题的关键词时一样，把所有的核心关键词都罗列出来，这样就可以保证每个词都出现在你的 listing 里。经过搜索引擎的计算和组词之后，是可以组合出各种词组的。

第 4 章

新手必备知识——图片原则&退换货

作为一个亚马逊新手，在正式准备做亚马逊之前必须知道一些原则，比如图片原则和退换货原则。如果不了解图片原则，很可能一不小心就被亚马逊抑制了流量。而如果不了解亚马逊的退换货规则，客户很可能让你每天欲哭无泪。对，亚马逊就是一个“傲娇”又讲原则的平台。

4.1　亚马逊图片的原则有哪些

亚马逊是一个原则性非常强的平台，你在上面是没法玩个性的，必须始终行驶在亚马逊给你规定的轨道里。否则，亚马逊分分钟就“傲娇”给你看。图片就是亚马逊的各种原则之一，你必须按照亚马逊的要求来进行图片上传及图片修改。否则，亚马逊马上就会抑制你的流量。

4.1.1 图片的尺寸和背景要求

图片数量：亚马逊要求最少有一张主图，附图最多可以上传 8 张。

图片尺寸：亚马逊要求，图片宽度或者高度其中一个像素至少为 1000 像素，并且另外一边的像素也要求不小于 500 像素。图片缩放功能是提高产品转化率的一个重要条件，买家习惯于通过缩放功能查看产品的细节来决定是否购买。

所以，上传图片时一定要按照亚马逊的要求。否则，不仅会抑制流量，而且会大大降低产品转化率。毕竟，电商还是要靠图来说话的。

当然，所有事情都会有一个最优选择，图片的比例也一样，我们不可能非常僵化地按照 1000 像素 × 500 像素的比例来上产品。在亚马逊，最好的比例也是 1:1.3，就是说接近 1300 像素 × 1000 像素这种比例的图片在亚马逊上被视为符合黄金分割定律的图片。

背景：因为亚马逊的页面大多以纯白为主，所以亚马逊也要求卖家的主图以纯白色为主（RGB:255.255.255），这样能够更好地融入周围，并且不能有任何边框。亚马逊对附图虽然没有强制要求，但是建议还是以白色背景为佳。

内容：图片内容必须展示实际产品，并且不得展示不参与销售的产品。比如，为了促进转化，卖衣服的卖家在图上放上首饰、包包之类的产品。这样的行为在亚马逊上是不允许的，除非你把这些东西一并给买家发货。

主图不得带有任何 Logo、水印之类的文字或者图片，除非产品上本身就带有这些图片或文字。

不得在图片上描述产品，包括材质、产地、尺寸等任何说明性文字。

产品在图片中所占的比例必须在 85%以上，否则容易被亚马逊判断为不合规从而抑制流量，甚至直接不予显示 listing。

对于图片中的模特，亚马逊也有严格的要求。不许使用假人模特，真人模特必须是站立的，面部朝前。侧立也不行。并且，不得出现任何裸露的模特。

另外，针对一些特殊的类目，还有特殊的针对性要求，具体如下。

- 鞋子必须展示单只作为主图，并且必须是左脚向左摆放。如果有模特穿鞋作为图片展示，则只能作为附图展示。

- 耳环类产品必须成对出现。
- 袜子如果是一双出售，就出现一双；如果是多双出售，就需要出现对应双数的袜子，并且不能出现卡纸。
- Home 分类下一些装饰用品主图不强制一定要用纯白背景，如床上四件套、蚊帐、窗帘、沙发、墙挂画及灯，这些产品主图可以用非纯白背景的情景图。

以上所述就是亚马逊的图片原则，看起来有些复杂，但真正实施起来并不难操作。

4.1.2　图床推荐

这里我们推荐几个图床供大家参考使用，国内、国外图床各推荐两个。

1．最久负盛名的：Photobucket

地址：www.photobucket.com

分析：每个注册账户可免费拥有 2GB 使用空间、10GB 流量，足够大家上传亚马逊图片，并且可以注册多个账户，基本算是无限使用了。它有一个缺点就是最大的上传尺寸是 1024*768，不过对于亚马逊卖家来说够用了。

2．最大方的：imageshack

地址：www.imageshack.com

分析：免费试用 30 天，不限流量和空间，足够卖家上传亚马逊的图片，并且这个网站可以上传原始尺寸图片。当然，如果你上传之后希望得到不同的尺寸，它也会帮你做出不同尺寸的下载链接，非常友好。不过其缺点在于，毕竟是国外的网站，网站加载速度稍慢，图片加载速度还是可以的。

3．国内的微博相册

这里就不贴出地址了，请读者去各自的微博账号里查找。

分析：国内相册的速度、流量都很友好，还支持缩略图和原始图。缺点在于它不允许用于商业用途。

4．随意贴

地址：www.freep.cn

这是国内比较好用的一个图床，免费的 1GB 空间足够我们使用。有 20GB 流量，正规地做亚马逊，怎么用都够了。

另外，国内外还有其他很多优秀图床，比如 Photobcket 旗下的 Tinypic，网易相册及其旗下的 Lofter。

4.2 亚马逊退换货原则

试想一下，为什么那么怕麻烦的客户还会不厌其烦地要退换货？

众所周知，欧美的客户是非常怕麻烦的，但你的货依然能让他们不厌其烦地要找你退换，为什么？为了帮读者提前打好预防针，我们把一个看似在销售后期才能接触到的退换货提前介绍一下，毕竟亚马逊不可能是全美退换货率高居前几位的平台。

打完预防针，我来告诉你客户找你退换货的真正原因。既然欧美客户非常怕麻烦，还找你麻烦，就是因为你的东西真不能满足客户的预期了。在欧美市场上，产品的包装大多比较精良，哪怕是一双鞋垫，都是正儿八经地用一个精美的盒子装好放在超市售卖的。当你的客户第一眼看到你的产品时，如果包装不能满足预期，客户要求退换货是必然的。所以在开始讲退换货之前，先跟大家谈到的就是产品包装的重要性。尽量使用不容易在运输中损坏的包装吧，这是你成功销售的第一步。

4.2.1 由卖家引起的退换货原因解析

前面提到了包装会导致客户退换货，接下来讨论一下除包装之外还有哪些原因会导致客户退换货。

1. 货物本身有质量问题

如果你的货有质量问题，那么客户要求退换货是毋庸置疑的。但是，有些产品价格确实低，在这种情况下，客户可能不去退换货，而选择给你留一个差评。无论如何（当然，差评对我们的负面影响要远大于退换货，这一点我们在后面会说到），这都不是我们想要看到的。

为了避免这种问题出现，应该积极主动地做好产品的质检，在产品发出前争取做到各个检查、各个过关；否则，一两个差评都可能会毁掉你的 listing。之所以说做亚马逊很强调细节，从这里就能体现出来。质检环节的一个小失误，都可能导致你的亚马逊之路的堵塞。

2. 产品与描述不符

相信大家对关于某电商平台买家秀和卖家秀的巨大差距的段子都不陌生，但如果这种事情出现在亚马逊，可能就不会是一个段子了，客户会毫不留情地投诉你实物与描述不符，然后退换货或者给差评。

在亚马逊卖东西，客户相信自己眼睛看到的东西，绝对不能出现所谓的买家秀和卖家秀的巨大差距。很多卖家为了提高自己产品的转化率，无所不用其极，在产品描述里盲目夸大自己的产品，导致客户拿到产品时会产生极大的心理落差，发生退换货情形是必然的。

比如服装类，卖家为了卖出去就煞有介事地宣传自己的产品多么好、质感多么舒适，而忽略了产品本身的真实性。这样一来，客户买回家之后必然会产生落差感，退换货也就在所难免了。

3. 发货检查不仔细

在发货前，由于卖家检查得不仔细，很可能出现发错货的情况。在遇到这种情况时，客户要退货也是无可厚非的。当然，我们要杜绝这种情况，因为这种损失太令人憋屈了。还有另外一种情况，就是把一些残次品当作好的产品发给客户，或者发了一些生产线上测试的产品给客户，使用痕迹非常明显。遇到这种情况时，客户不仅会要求退换货，还有可能给店家差评。

4. 迟发货

迟发货的情况多见于自发货的 FBM（Fullfill by Merchant，卖家自发货配送，下同）卖家，虽然 FBA（Fulfillment by Amazon，亚马逊配送）的便捷性、易用性已经得到了充分认可，但依然有一部分卖家坚持选择自发货。自发货就会因为从国内发到国外而产生漫长的配送周期，这段时间内就会有一部分买家由于心急随时取消订单。这样造成的退换货，是众多退换货中最麻烦、也最让卖家纠结的一种。退吧，货已经发出去了；不退吧，万一客户给个差评就得不偿失了。

4.2.2　买家的原因

买家在亚马逊上的购物是有保障的，所以在绝大多数情况下，客户都可以随时选择退货。

1．买家下错单

经常有卖家在买家下单后收到邮件，说自己下错单，要取消，如果是刚下的单或者是 FBA 都容易解决；但如果是自发货的，并且客户在我们发货以后要取消订单，就会比较麻烦。在国际运输中，我们不能掌控的原因太多了，所以在这里也没有什么太好的解决方案。

但有一点要提醒大家，国外的买家有时候也会犯错，比如在短时间内连下两个订单的情况经常会出现。所以一旦有客户在短时间内连续下了两个订单，请务必和客户沟通并核实，如果客户不回复你的邮件，你就可以尝试确认发货了。因为确认发货后客户是会收到信用卡扣费信息的，而这种信息客户一般会比较在意。

2．不符合客户预期

客户收到货以后，如果发现产品不符合自己的标准，或者尺码不合适，甚至自己搞不清楚这个产品如何使用，就有可能要求退货。

3．无理由退换货

亚马逊的产品是支持无理由退换的，只要客户不满意，他就可以发起退货，作为卖家，不得以任何非正常的理由拒绝买家的退换货申请。甚至，如果客户在使用产品一段时间以后发起无理由退换货，卖家也不得拒绝。

4.2.3 运输方面的原因

产品损坏：如果遇到产品在运输过程中损坏这类情况，不管是 FBA 还是自发货，客户都可以正大光明地拒收货物。

物流耗时太长：特别是自发货的卖家，对这个理由的退换货肯定不陌生。

货物丢失：如果货物在运输途中丢失，难道你还奢望买家会原谅你吗？

4.2.4 该如何避免及解决退换货问题

刚才我们从几个方面介绍了若干种可能造成退换货的原因。针对这些原因，我们应该如何最大程度地避免及完美解决呢？

1. 卖家方面的原因

卖家需要从以下几方面入手。

如果是贸易商，请认真验货，更换靠谱的供应商。如果是工厂，请加强质检，提高自己的产品质量。同时，尽量提高产品的包装水平，不要让客户以为该产品是地摊货，一个高档的包装是你留给客户的第一印象。务必记住，在亚马逊，产品为王。

在写描述时，切勿盲目夸大，一定要详尽地把产品的每个功能都写上去，不要让客户拿到产品以后不知所措。不管是夸大功能还是没有把功能写完善，都会让客户产生退换货的想法。

在发货前认真检查，不要因为不细心而产生问题，这已经是你把产品交给客户前的最后一步了。一定要进行二次检查，不管是自发货还是 FBA 的情况，都请务必进行检查，否则客户退换货时一定不会留情面。并且要注意，发货要准时。

2. 买家方面的原因

对于由于买家方面的原因造成的退换货，我们一般没有太多好办法，毕竟客户是绝对的上帝。对于这种原因的退换货，最好的方法就是尽量去和客户沟通。如果你连英文都说不通顺，那就不应该考虑自发货，应该全部 FBA，把客服交给亚马逊来解决。

如果你做的是自发货，就一定要拿捏好“度”，毕竟就算客户退换货也只是损失一个订单，如果你反复和客户沟通，引起客户的反感，直接给你一个差评或者 A-Z，那就可能影响你一个月的订单了。

3. 物流方面的原因

由于物流方面的原因造成的退换货一般也没法弥补，只能寄希望于 FBA 或者及时更换靠谱的物流商，千万不要因为一个物流商或者物流方式能省几元钱就选择它们，一个稳定的物流比那几元钱重要多了。更何况，真正的好物流商，往往庄家居多，他们的价格反而更便宜。

最后，还要强调关于退换货的一个准则。在和客户沟通的过程中，你的账户才是最重要的，千万不要因为一两件货而和客户产生矛盾从而发生更多不可预期的问题。如果客户要求退换货，你去和客户沟通，客户不理睬，或者客户第一次回你邮件就明确表达了自己不会更改立场，那你就不要去做一些无谓的牺牲了，因为风险太大。

当然，这主要针对自发货的卖家。如果是 FBA 方式，亚马逊的客户会非常积极地帮你退货的。

4.3 FBM 遭遇退换货时该如何妥善处理

FBM 的退换货向来是令我们中国卖家比较头疼的问题，因为大多数自发货的卖家仓库都在国内，所以处理退换货的过程尤其复杂。接下来我们来聊聊 FBM 的退换货处理。

4.3.1 客户提出要退换货，我们该做什么

对于客户的退换货申请，亚马逊要求我们必须在 48 小时之内回复并提供退换货地址，因为买家在提交退换货申请时，选择的原因大多是不太具体的，所以，我们应尽量和客户沟通，了解买家退换货的真实原因，然后再采取进一步的处理方式。如果买家不回复邮件，或者拒绝与你沟通，那你就只有同意客户退换货的申请了，以免产生进一步的恶劣影响。这也是我们在前面反复强调的。

如果客户回复邮件，并表示可以接受进一步沟通，我们就需要认真处理客户的需求，以免客户出现反复情绪。能打折的尽量打折，正所谓 “Better later than never.”，你打个折总比颗粒无收要好。记住，一开始不要有非常大的折扣，客户愿意沟通，漫天要价就地还钱的情况是很常见的。

当然，你的折扣力度也不能特别小。给客户打 9 折，客户可能直接就给你差评了。一般来说，6 ~ 7 折是一个适中的价位，既不会亏本，又能让客户感受到你的诚意，接下来就看你的语言技巧了。当然，如果你的英语水平不过关，就直接给客户退款吧。客户可能会被你那蹩脚的英语弄得一头雾水，造成误会在所难免。

1. 如果客户坚持退换货，产生的费用如何计算

如果沟通未果，还是要进行退换货，我们就要考虑到退换货产生的费用该由谁来承担。

如果是由于产品质量导致的退换货，所有的费用都应该由卖家来承担。如果需要退换货的费用过高，建议直接弃货，这里建议大家自己进行衡量。

如果是买家无理由退换货，买家就应当承担产生的运费。不过请和客户友善地进行沟通，切勿因为一点邮费惹怒客户。当然，按照亚马逊的规定，客户应当承担的仅仅是本国境内的运费。如果你想让客户把货直接退回中国，这个费用是不应该由客户来承担的。

有时会遇到产品被客户使用了一段时间，客户要求退换货的情况。首先，我们明确一点，这在亚马逊是合理合规的，千万不要拿国内电商的规则去挑战亚马逊客户的权威。哪怕是贴身衣物，亚马逊都是支持客户退的。但是，我们可以合理地向客户提出一定的折旧费用。记住，一定要合理，否则如果客户不答应，不仅折旧费收不到，很可能连退回来的运费都要由你来承担。

2．货物到底该如何处理？

首先，对于自发货的卖家来说，如果你没有合适的海外仓帮你处理退换货事宜，那么这个货基本上拿不回来了。所以，如果你的货值很高，请务必准备一个海外仓以备退换货的不时之需。关于海外仓事宜，我们会在后面的章节详细讲解，这里暂且不细讲。

其次，如果你的货值很小，就算你有海外仓，我们也依然建议你弃货。因为你的客户发到海外仓的邮费可能要你承担，加上重新包装，这笔费用很可能超过 10 美元。所以，如果你的产品货值只有十几美元，还是直接弃货算了。

再次，如果你的货值很高，客户又愿意给你退换货，你就可以选择退回你的海外仓，进行二次包装后再销售，这样可以最大程度地挽回损失。

最后，如果你的货真的产生了质量问题，或者你的货无法进行二次销售了，那就大方一些，说几句好话，让客户帮你扔了吧。否则，还要花邮费寄回来，不值得。当然，如果你真的是一个负责任的卖家，让客户把有质量问题的产品寄回来研究，避免以后再次出现同样的问题，还是值得的。

4.3.2　如何给客户退款

客户提出了退换货申请：在这种情况下，建议大家进行授权退款，意思就是在客户提供了明确的退单号之后，卖家收到退回的货物后再进行退款，这样比较有保障。

口头约定退款：有时候，客户不一定发退换货申请，很可能是和卖家在后台沟通，然后卖家同意退款。这时候，我们可以直接找到订单，然后直接在订单管理页面点击当前订单右侧的 Refund Order 按钮进行直接退款。

当然，在退款时一定要选择理由是“客户退款”，不要选择别的理由，否则可能会对你的账户健康不利。这个细节，在后面讲解账户健康时再细讲。

4.3.3 真遇到“坏人”时该怎么办

首先，各位卖家不要草木皆兵。毕竟在亚马逊平台上，“坏人”还是比较少的，大家都是比较讲诚信的。

其次，如果真的判断出自己遇到了“坏人”，并且有可能是某个竞争对手，可以直接给他们发私信，讲清楚，大家都在做生意，没必要互相残杀，你来我往的互相伤害没意思。当然，你也要准备好反击的手段以吓退别人，但是，千万不可明说，否则人家直接拿去亚马逊投诉，你也会很头疼。当然，这个极端的方法仅限于你明确知道了那个“坏人”是谁的时候用。

再次，如果没法判断是谁，那么尽量去套他们的话，看对方是否能露出蛛丝马迹。如果可能，把这些证据举报给亚马逊，让亚马逊去处理。

最后，我们还是要做好自己。平常注意，毕竟在亚马逊上的“坏人”不多，所以有些“坏人”真的可能肆无忌惮，我们也会很头疼。因为那些“坏人”只要没被证明是“坏人”，在亚马逊眼里，都应该是你的上帝。

第 5 章

教你打造一个完美的 listing

要打造完美的 listing，需要做的有很多。接下来，我们就来一一探讨。

5.1 做好我们的 listing，其实就是在让亚马逊开心

大家都想要做好亚马逊的排名，这件事情难吗？难。但真的难吗？其实不然。各位只要拿出必胜的决心，这事就真的不难。你要想做好亚马逊，就要了解亚马逊的脾性，了解它的喜好，知道它喜欢什么、不喜欢什么。

5.1.1 要做好排名，至少应先知道做好的是什么排名

很多人虽然嘴里喊着做排名，实际上却不知道怎么做。某一天突然收到站内信说可以做排名，而且还见效果付费，立刻兴奋得手舞足蹈，以为是上帝派来解救自己的

天使到了。殊不知，人家只是群发，你只是他们雨露均沾的一个小角色。更何况，这样的排名完完全全是一种伪 SEO，根本就是脱离了亚马逊排名核心的一种技术，强调的完全就是一种变异的点击算法，通过点击的方法使某个关键词的排名快速上升，达到某一个或者某几个关键词有排名的效果。

但是，你有没有考虑过自己要的是什么样的排名呢？这种一两个关键词的排名，真的是你想要的吗？真的是你的客户想要的吗？显然不是！交过钱做过这种排名的卖家肯定有深刻体会，排名上去了，订单不仅没有增长，甚至还下降了！

为什么？因为亚马逊给你的产品权重是固定的、有限的！你的关键词排名上升占用了权重，而这些关键词根本不是你的客户搜索的关键词！很多人习惯做的都是几个类目的大词，各位，现在已经是 2018 年了，客户早已从找几个大词的目录式搜索习惯过渡到通过长尾词来缩小自己的选择范围并屏蔽自己不想要的结果了，你还抱着那些大词，有用吗？客户的长尾搜索习惯根本不是你那几个大词能概括的！

所以，我们要做的排名不是那种几个大词的目录式排名，而是真正符合客户搜索习惯的词，这样的词才能带来转化、带来订单。一定不能忘记客户，不能忘记关键词技术。这样你才能找到真正的关键词，才能让真正的客户找到你。

5.1.2 亚马逊 A9 和传统搜索引擎的差别

众所周知，亚马逊有自己的搜索引擎——A9。前面我们谈到了 SEO，这是传统搜索引擎老生常谈的东西。那么，亚马逊的搜索引擎和以谷歌为代表的传统搜索引擎的区别是什么呢？

从算法上做一个简单的对比。有 SEO 经验的人都知道作为一个传统搜索引擎，谷歌更关注外链、独立内容、SNS、用户体验，做好这些才是王道。而亚马逊更关注转化率，这是亚马逊的重中之重，所有的东西最终都以转化率为衡量标准。

5.1.3 客户的搜索习惯是什么样的

搜索引擎一般分为两种，一种是谷歌这种综合搜索引擎，另一种就是类似亚马逊的垂直搜索引擎。

垂直搜索引擎也是近几年才渐渐开始从谷歌这里掠夺一部分流量，一开始的谷歌同时承担了多个角色。

人们开始习惯使用垂直搜索引擎，就意味着人们的搜索在进步，具体体现在以下两个方面。

- 搜索习惯的改变。在搜索初期，人们搜索的大多都是一些目录式的词，比如“iphone case”；然后再进一步通过条件来筛选出自己想要的结果。现在人们已经懂得使用搜索词来找到自己想要的结果，并把不想要的给屏蔽掉。目前，人们在搜索时已经使用“iphone X case water proof”这样的词直接定位到自己想要的结果了，不需要再一步步筛选。客户的搜索习惯发生了改变，我们也一定要随之而改变。
- 更加细化地使用搜索引擎。在谷歌攻城略地的那几年，欧美网民的互联网都是从谷歌开始的，任何东西都是从谷歌得到结果，找信息如此，买东西也如此。但目前人们已经逐渐开始适应亚马逊这类垂直搜索引擎，信息类的搜索需求开始和购买类的搜索需求逐渐剥离开来，人家已经习惯于在亚马逊等购物网站上直接搜索自己要的产品。但是，谷歌的作用依然不容小觑，这一点从亚马逊自己越来越重视谷歌 SEO 中可见一斑。

5.2　亚马逊的脉搏该怎么抓

本章开头就说到，我们要奉承亚马逊。接下来我们来说一说该从哪里下手才不会惊着它。

5.2.1　重中之重：转化率

2017 年是亚马逊狠抓转化率的一年，转化率的重要性和权重接连提升了几个层次。那么，要想提升转化率，需要从哪些方面入手呢？

1．你的价格，自然重要

定价，对卖家来说，当然是越高越好。但考虑到对转化率的影响，定价要合理。

想要提高转化率，就要提高你的定价水平。既不能定得太低，否则自己没利润；也不能定得太高，因为如果没有足够的卖点，过高的定价只能是镜花水月。所以，我们对一个产品的定价，会在很大程度上影响到我们的转化率。要找到自己的竞争对手定价的规则，看看 Best Seller 定价是多少，然后再定出自己的价格。

当然，我们也不能一味地抄袭对手的价格，而盲目压低自己的利润。如果我们真的有足够的卖点来卖高价，那就一定要让客户明白，我们的东西比别人贵是有道理的。譬如，优盘，大家约定俗成的价格是 128GB 大约 27 美元，但是如果你因为别人都卖这个价格，而忽视了自己的优盘具有防水功能这个卖点，盲目跟风，最终弄得自己没有利润，别人也会觉得你这个卖家不靠谱，在恶意压低市场价格。

所以，关于定价，首先要参考自己的定价要素，其次才参考市场。一味地迁就市场并不是一个明智的商家所为。我们做好自己，脚踏实地地定好自己的价格就好。

2. 变体是多好还是少好呢

有人说变体好，有人说变体不好。那么，变体是否对我们有促进作用呢？

（1）毋庸置疑，“人多力量大”这句话到哪里都是真理，哪怕对象是这些没有生命的 listing，多条变体获得的权重必然多于单条，但变体的好处还不仅限于此。

（2）你的客户来到一个单 ASIN 产品购买的概率必然是低于多属性变体的。

（3）关于 Review，这是把双刃剑，你有可能利用到多个变体带来的多个 Review 的好处，你也有可能要承担一个 ASIN 差评的连带责任。但是，我们为什么要让这个差评排在前面呢？

注意：千万不要因为追求变体而变体，滥用变体可是会被关账户的！

3. 之前聊那么多图片，你以为是配角吗

图片的作用其实是可以排进前三的，高质量的能够打动客户的图片甚至在客户点开你的 listing 之前就开始发挥作用了。客户点击的产品，总会是那些图片得分高的。

如图 5-1 所示，当这两个产品放在一起时，大多数欧美客户都会选择第一个，原因就是在他们看来，约定俗成的美就是这样的。

图 5-1　欧美客户审美选择展示图

有人说电商就是卖图，这虽然有些言过其实，但也能从一个角度反映出图片的重要性。所以，按照亚马逊规则制作精美图片就显得尤其重要了。单边像素要在 1000 以上，至少能让你的客户放大你的产品看看细节吧？多放几张图片，总比那些放一张图片的要强吧？图片简洁明了总比那些让客户看了半天都不知道在卖什么的图片强百倍不止吧？

所以，图片的制作请务必费心。

4．非常容易忽视的地方——Answered Questions

很多人看到提问和回答，想当然地认为这是给客户做对产品的补充理解的。其实不尽然，不会有太多怕麻烦的欧美客户去一点点翻那些问题的，那些问题除了给一部分人去寻找他们想要的答案之外，更大的作用在于，可以把它理解为如图 5-2 所示的，布置一些不方便放在我们的 listing 里的其他品牌和型号的关键词，因为把这些词明目张胆地放在你的 listing 里面可是违规的。所以，放置这些关键词的最好位置就是你的问答部分了，既可以让亚马逊抓取到，又不违规，搜索竞争对手的型号就能到我们的碗里来，两全其美。

this accessory will serve to sony xperia Z5 Premiun?

I do not know about sony zperia Z5. But this earbuds
By Madhav K. on May 23, 2016

图 5-2　在问题里巧妙地插入一些型号

5．你最期待的——Review

看到 Review 这个单词，很多卖家的肾上腺素都会不自觉地猛升，可见 Review 对我们太重要了。虽然亚马逊一次又一次地增加 Review 的获取难度，但这依然阻止不了广大卖家对这个可爱又可恨的单词的追求脚步。

关于 Review 的种种，我们只强调一点，Review 之所以这么重要，就是因为这些买家被我们惯坏了。遥想 2010 年的亚马逊，哪有这么多 Review，哪有这么多刁钻古怪的买家。现在 Review 这么重要，客户买之前看一下 Review 的习惯终究还是我们惯出来的。如图 5-3 所示，这两个 listing 放在一起，Review 很多的产品点击率必然要高过 Review 很少的产品。不过，从善如流，既然这个现状已经形成，我们就只能顺着它的步伐向前走。既然 Review 必不可少，我们就来一些吧。毕竟，没有 Review，客户连你的产品都懒得点击，更不用说购买了。

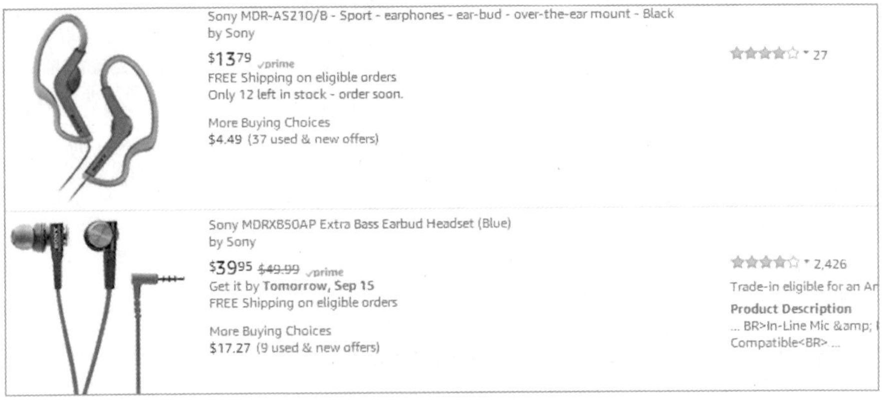

图 5-3　Review 数量会左右我们的点击

最后还要说一下 Review，它不仅仅是帮助转化而已，同样也是一个排名要素。在其他权重类似的情况下，Review 的分数和数量会帮你提高排名。

5.2.2　转化的基础关联度：标题

对于排名、点击、提高转化率，标题永远是最重要的一个因素，没有之一。关键词是必须包含在标题里的，但请务必记住，一定是核心关键词。不需要把各种各样的关键词统统放到标题里，否则就成了关键词堆砌，所有的搜索引擎都不喜欢这种行为。

更何况在亚马逊，如果把各种关键词直接堆砌在标题里，会让你的标题凌乱不堪，客户也不会有丝毫点击欲望。所以，一定不要把各种核心词、长尾词、流量词都放在标题里。

那么，我们的标题到底应该如何书写，又应遵循哪些规则呢？

1. 品牌

很多人不知道品牌的重要性，所以在标题的一开始只放一些所谓的“关键”词，以为这样可以占据前面权重比较高的位置。但是，事实真的是这样吗？众所周知，亚马逊一直在加大对品牌建设的力度，而且亚马逊本身对自己的定位也是中高端，所以品牌在亚马逊看来是不可或缺的。在标题构造上，其实亚马逊给的第一个坑位就是品牌。你把你的品牌写在这里，能够体现出你的专业性，同时也是亚马逊所喜闻乐见的。千万不要说，我看别人家谁谁这里就没放品牌，人家不也排第一吗！记住，排第一牵扯到很多因素。应该尽可能把我们能做好的事情做好，而不是去找别人的碴。

2. 型号或者系列名称

需要澄清的是，这里所说的型号或者系列名称，并不是大家自己给自己的产品设计的型号或者系列名称，而是客户通用的型号或者系列名称。比如，包包可以分为 cross body，tote，message 等不同类型，这些约定俗成的类型就是我们需要写在这里的。切记，千万不要错写成自己命名的那些客户根本不明白的系列名称。

3. 产品核心关键词

这里最应该出现的就是我们的产品核心关键词，因为这样可以让客户明白我们所做的是什么产品，否则客户很可能没有耐心继续读完你的标题。核心关键词很简单，产品是什么就写什么。比如，手提包就是 Handbag，帽子就是 Hat，泳衣就是 Swimwear。

4. 产品卖点

这里是一个非常重要的位置，产品的核心竞争力、核心卖点都应该在这个位置体现出来。虽然这一点很重要，但往往也是广大卖家最容易犯错的地方。为什么呢？很多卖家自然而然地把自己产品的最亮点写在这里，这个想法没错。但有很多人却把自己产品的厉害之处以一种客户看不懂的语言写在这里。比如，书写一款衣服的材质，很多人就想当然地把材质写为 100% Cotton，还有一些人针对这个 Cotton 加以描述，不厌其烦地说出这个 Cotton 之妙。但是，你想过客户能不能看懂吗？再好的 Cotton 都不如一个 Comfortable 来得直观。所以应尽量用客户看得懂的语言来描述，这样客户才可以直观地感受到你的卖点。否则，你只能算是自说自话。要记住，你的客户是终端用户，不是你的经销商，他们看不懂那些晦涩难懂的材质和技术。

5. 材料、尺寸、颜色和数量

材料、尺寸、颜色和数量这四点对于客户的购买都有很大影响。材料，例如假发，就分为真人发及合成发两种，两种材质的假发价格差距很大。所以，材料的说明能够帮客户准确地判断出产品的真正性价比。尺寸，例如电脑屏幕，尺寸大小就会影响到客户的购买决定。颜色，这一点女性消费者非常清楚，一个唇彩的颜色、一个包包的颜色都需要进行搭配。所以，颜色必然会影响到客户的购买决定。数量，例如手机膜，有的商家 9.99 美元四片，有的则只有三片，客户稍微一看就知道到底哪家的更便宜，从而影响购买决定。

5.2.3 五点短描述

五点短描述应该是产品的最亮点，绝对不应该只是堆砌一些关键词，而应该把产品的亮点完美地呈现给客户。五点短描述应该是客户在你的 listing 里最关注的一个地方，所以千万不要忽略客户在这里的感受。

你的产品如果有不同于别人产品的亮点，请务必在最显眼的地方告诉客户，这可能是客户决定购买你的产品的一个关键因素。特别是你针对这类产品的一些短板做出的改进，很可能会让客户动容。

这里的用词不仅要考虑到客户，更要考虑到亚马逊。所以，我们应该把客户所关心的词尽量写到这里，让亚马逊知道客户关心的点你都有。但是，别在这里堆砌关键词。具体来说，要做到以下几点。

首先，要简单明了。千万不要在这里使用一些客户根本看不懂的数据，客户看不懂你的数据，就是看不懂你的产品。所以，请让客户非常清晰明了地看懂你的产品描述。谁会去购买一个根本不了解的产品呢?

其次，要有主次。这里的核心的关键点，就是要通过点亮的方式，让客户能够一眼看到，比如大写核心部分，或者在核心部分加一些特殊符号，都可以让客户一眼抓住你的亮点。

最后，要有具象化的描述。一定要把你的产品参数通过一些具象化的语言描述出来，让客户能够直观地感受到。比如，描写一个充电宝的容量有两种方式。① 10000 mAh high quality Li battery.② Charge your iPhone X for 3 times，your S8 4 times. 这样一对比，客户对第二个数据的印象就会更加深刻，知道可以给自己的手机充电次数比单纯的 10000mAh 要重要很多。当然，我们只是举例突出这个知识点，请各位读者在书写时不要照搬，否则，使用其他手机的客户可能会不太接受你的书写。

5.2.4　长描述！但可能不是你想的那样

长描述在我们的 listing 里也是非常重要的一个组成部分，在客户使用手机浏览亚马逊时，长描述往往都是优先展示的。特别是长描述的开头部分，尤其重要，因为这在亚马逊的 APP 里是显示在最前面的部分。所以在长描述的开头，一定要写客户感兴趣的内容，要一下就抓住客户的眼球。

长描述的另一个重要作用就是我们长尾关键词的一片沃土。所有长尾关键词都应该在长描述里出现，在这里可以书写很多其他地方放不下的长尾词。我们可以通过这种手段做到不漏词、不丢词，客户搜索任何一个词我们都能精准地匹配到。

5.2.5　品牌、类目与 Search Term

我们之前就强调过品牌的重要性，特别是近两年，亚马逊针对品牌花了不少力气。所以，我们一定要看清楚亚马逊针对品牌做出政策调整的背后含义。亚马逊越来越重视品牌，说明它想给客户提供的是具有品牌效应的产品，而不是那些杂货铺产品或者路边摊产品。所以，在产品的各个地方强调品牌，就可以让亚马逊知道我们的产品是有品牌的，从而获得一定的权重。

大家如果细心就会发现，我们在亚马逊搜产品时，亚马逊会自动地帮客户把产品直接定位到某个类目去。所以，类目的选择很重要，如果你因为一些自己的原因而执意把产品放到不太适合的类目里，你的产品就很有可能不被展示。如果把产品放到一些所谓的小类目里去冲击 Best Seller，很可能让你的产品不能展示，得不偿失。

很多人都非常关心自己的关键词栏里到底填写什么内容，仿佛这里就决定了他们的 listing 的生死。其实，后台填写的关键词真的没有你想象中那么重要，因为亚马逊在意的是他们的客户。你在后台填写的一些客户根本看不到的需求关键词，根本不起作用。这里的关键词，按照我们分析的方法写进去就可以了，前台才是最重要的。当然，也不能乱写，最关键的还是和前台关键词的对应。

5.2.6　这些账户表现也影响转化率

账户表现分为很多方面，我们来看一下哪些方面会真实地影响到我们的转化率。

1．在库率

对于亚马逊来说，它非常希望卖家都有一个稳定的库存来服务好每一个买家。所以作为卖家，我们在亚马逊的库存稳定性就显得尤为重要，这会关系到亚马逊本身能否给客户稳定供货。亚马逊可能不需要你每次发几千件货入仓，但如果你能在每次即将断货前恰好把货补进仓库，就很完美了。

另外提醒一下，千万不要让你的前台显示“only ** in stock”。当亚马逊在你的产品上显示这个信息的时候，它不仅是在催促客户下单，同时也是在提醒你货不多了、要补货了。并且在显示这个信息时，亚马逊就开始抑制你的流量了。因为万一客户下单数量超过库存数量，客户体验是很不好的，如此在乎用户的亚马逊是不会让这种情况出现的。

2．账户健康表现如何，当然影响转化率

关于账户健康这个话题，还需要我们专门花时间来讲一讲，所以具体内容这里就不叙述了。但是请务必明白，如果你的账户健康状况出问题，亚马逊会视为你给客户提供了不好的用户体验，这对你的账户展示和转化率必然会带来负面影响。

5.2.7 客户的 Sales Rank、页面停留时间、跳出率一样会影响你

除了以上可以影响产品和转化率的因素以外，还有一些因素同样会影响我们的产品和转化率。而且，这些因素都来自客户在你页面上的行为。

1．Sales Rank

毋庸置疑，Sales Rank 是亚马逊计算排名时比较重要的一个因素。这个因素非常简单，从字面上就能理解出它的排名规则就是销售量。但这个简单的规则对我们的排名和销量影响非常大，所以必须重视它。

2．页面停留时间

客户在你产品页面停留的时间，也会对你产品的销售产生影响。只有好的产品页面，才能留住客户。所以，如果所有客户在你的产品页面停留时间都非常短，并且都没有形成购买，那么你的页面必然是有问题的。所以，如果亚马逊发现你的产品页面被浏览时间很短，就会降低你的权重。

3. 跳出率

这里的跳出率，指的是客户来到你的产品页面之后又回到产品搜索页面的比例。跳出率越高，说明你的产品越不能满足客户的需求。所以，这也是一个需要好好研究的数据。

虽然后台不能直接查看跳出率，但是可以查看转化率，用 100%减去转化率即可得出跳出率。

本章从一个 listing 的多方面进行剖析，教读者优化自己的产品，指出具体从哪些方面优化。这些内容都应该受到重视，漏掉任何一条都可能对我们的成交产生很大影响。

第 6 章

广告的选择和优化

广告是做亚马逊离不开的一个项目，每天都在做广告上面花钱，但是很多时候，你可能收不到自己想要的回报，甚至还付出了非常多的精力和金钱。广告的优化是非常重要的一个环节，你的曝光率、点击率、转化率都会是你每天非常关注的焦点。本章会讲一个你们从未听过的亚马逊广告，摆脱那些烦人的数据，直接通过结果来分析我们需要做什么。数据只是为我们服务而已，既然你看不懂，那我们就跳过它，直接来到我们要的结果面前吧。

6.1 手动还是自动，该如何抉择

自动广告做起来很轻松，只要设置一下就可以了，但是有些卖家却不太懂。手动广告能让卖家知道每一分钱是怎么花出去的，但是设置关键词很令人头疼。本章就来梳理一下，看看手动广告和自动广告到底该如何抉择。

6.1.1 区分手动广告与自动广告

在亚马逊，手动广告指的就是自己设置关键词，设置各种出价及各种预算的广告形式，最关键的点在于需要自己设置各种关键词。这是手动广告和自动广告最大的区别，也是最大的难点。所以简单来说，如果你有非常精准的关键词，就可以以选择手动广告作为开始。

在亚马逊上，自动广告是一种“傻瓜式”的广告形式，只需要设置你的广告名称，默认每次点击费用以及每日最高点击预算就可以轻松开始。这种广告方式适合对产品不太了解，同时又有广告需求的卖家。

自动广告仅仅是开始比较简单，如果你真的把它当作一台自动洗衣机，把衣服放进去就能洗好，那你肯定会被吓到。自动广告的难点不在于开始，而在于在过程中如何进行监控并做出调整。所以这类广告远不是大家想象的那样简单。你必须对广告有一定的了解，并且能够及时地对广告出现的一些负面反应做出调整。否则，这种广告会很烧钱。

手动和自动两种广告形式之间的关系必然不是竞争关系。在亚马逊，你不会让自己的自动广告和自己的手动广告竞争，亚马逊已经帮你规避了这一问题。

那么，这两种广告究竟该如何配合呢?

前面已经讲到，亚马逊的手动广告和自动广告的切入点是不同的。手动广告需要有准确的关键词，而自动广告需要有准确的判断。虽然我们可以通过谷歌获得准确的关键词，但是亚马逊本身的数据同样能带给我们一些新的思路。

所以，如果是新品需要打广告，应首先从自动广告开始，开两三天自动广告之后看看数据，因为两三天的自动广告同样会带来一些灵感，同时也能让我们看到一些真实的客户搜索词。对于这些真实的客户搜索词，我们就应该主动提取出来作为手动广告的一些开始词。

所以，关于这两种广告形式的配合，可以先通过自动广告的测试，看看客户的反馈。一来可以针对客户的反馈进行 listing 的修补；二来可以看到客户的真实搜索词，这些词我们后期可以加入到手动广告中去。特别是那些能够形成转化的精准词，更应该在手动广告里好好利用。

6.1.2 选择自动广告注意事项

自动广告是亚马逊推广的一个利器，因为它可以让你直接展示在竞争对手的产品下面，所以，一定要用好这种广告形式。

1. 学会添加否定关键词

做自动广告的最大误区，就是完全不看广告报表，放任自流，认为做自动广告时设置一个出价和一个预算就完事了。就算有销量也不知道怎么来的，广告预算超支也不知道为什么。

出现以上误区，是绝对不适合做亚马逊自动广告的。那么，要看自动广告报表，究竟应该看什么呢？

在这里告诉大家，做自动广告报表调整时首先应该做的一件事，就是添加否定关键词。如图 6-1 所示，我们能在广告组的管理页面找到这个功能，添加否定关键词。

图 6-1　添加否定关键词

这里需要做的事情就是，每天查看最新的自动广告报表。只要发现任何不属于我们产品的词，都要果断地把它加入我们的否定关键词列表。如果只是单个词不符合我们的产品，就选择精确否定；如果是某一类词都不符合我们的要求，就选择词组否定。

例如，我们是卖男士皮带的，如果在我们的自动广告里发现了 womens belt 这样的词，就应该把 womens 这个词加入否定关键词列表，并且选择词组匹配。这样，关于 womens 这个词的所有搜索都不会展示我们的广告。

再如，我们的男士皮带最近 40 码的缺货，但词组里面却有一个词是 mens belt size 40，在这种情况下就可以把这个词加入我们的精确否定列表，这样就可以在这个码数补货之前不让这个词展示。但要记得在补货之后要把这个词从否定关键词里调整归档。

所以，添加否定关键词是我们进行自动广告调整的关键一步。加入否定关键词，可以帮我们节省不少广告费。

2. 自动广告报告里面为什么有那么多“*”

很多下载了自动广告报表的卖家都会疑惑，为什么自动广告报表 Keywords 一栏全部是*，客户搜索的关键词到哪里去了？

出现这个问题时，首先应检查你的报表下载得是否正确。如图 6-2 所示，我们需要下载的自动广告报表是在这个位置的自动投放广告。

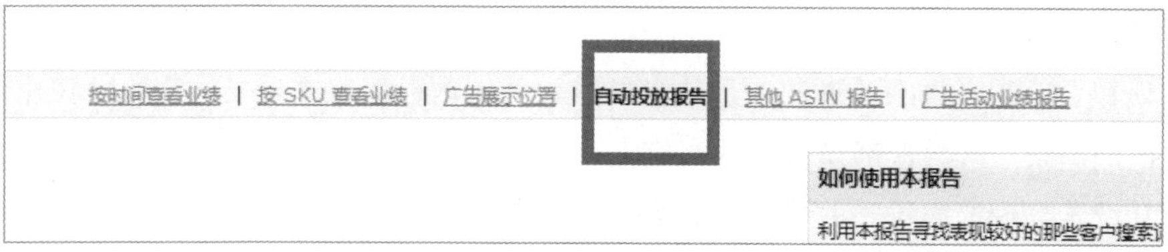

图 6-2 自动广告报表下载位置

下载这份报表之后，很多卖家都是习惯性地找到 Keywords 一栏。一看就傻眼了，全部都是*，甚至有同学以为是亚马逊刻意隐藏了客户搜索关键词。其实不然，因为 Keywords 一栏在手动报表里是用来记录我们自己设置的关键词的，客户搜索的关键词显示在 Keywords 左边的一栏，名为 Custmer search term。所以，这里的内容才是我们真正要看的客户搜索的关键词。我们进行自动广告的调整，以及后续需要根据广告做出的调整，都是从这里做出决定的。

3. 自动广告里为什么有那么多别人家的 ASIN

看完上面的内容，很多卖家还会发现另外一个问题：为什么我的 Custmer search term 里面有那么多稀奇古怪的数字和字母组合？

其实这些数字和字母组合就是别人产品的 ASIN，你不用担心，不是客户在搜索别人的 ASIN，而是你的广告出现在别人 ASIN 下面的 Sponsored products related to this item。

6.1.3 选择手动广告注意事项

上面讲了自动广告，下面来讲一讲手动广告。

1. 手动广告词该从哪里来

很多卖家都会困惑于一个问题，手动广告的关键词从哪里来？自己编好像想象力有限，编不了多少，亚马逊推荐好像也很少。那么，手动广告词到底从哪里来呢？

其实，手动广告词的来源主要有两个。

首先，前面提到的自动广告关键词是自动广告词的第一个来源。这里出现过的词或者我们经过分析可以加入手动广告的词都是有效且可靠的。

其次，自动广告词的另外一个有效来源就是用我们第 3 章提到的方法挑选出来的关键词。那些关键词也都是被验证过的客户搜索的关键词，应该毫不犹豫地把它们都放到手动广告的关键词列表里来。

所以，手动广告的关键词一是从自动广告的点击数据里来，二是从谷歌找出的客户关键词里来。这两者都是客户的真实搜索数据，把它们放入我们的手动广告关键词列表并设置合理的出价，就可以开始做我们的手动广告了。

2. 对于不同的匹配形式，该如何抉择

在做手动广告时，要弄清楚如何选择手动广告的匹配形式。如图 6-3 所示，当我们使用自己提供的关键词做手动广告时，就需要选择合理的匹配形式。

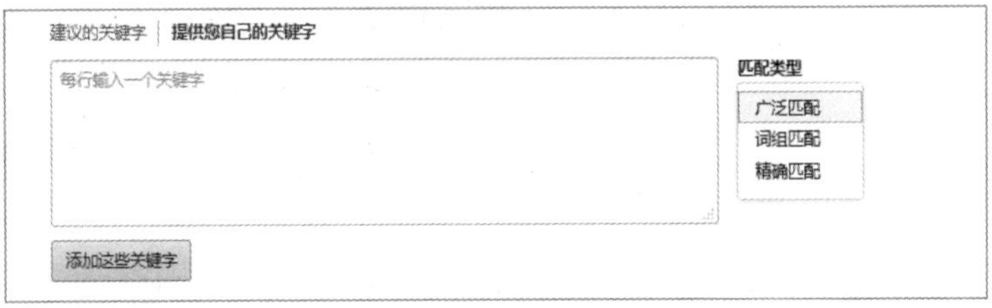

图 6-3　手动广告的匹配形式

广泛匹配、词组匹配和精确匹配三种匹配形式分别代表的含义及举例如表 6-1 所示。

表 6-1 不同匹配形式及举例

匹配类型	示例关键词	当搜索查询符合以下条件时，可显示广告	与买家搜索查询匹配	与买家搜索查询不匹配
广泛匹配	boys shoes	包含拼写错误的词、同义词、相关搜索和相关变体	boys shoes size 10、waterproof boys shoes、boys footwear	Boys pants、mens shoes
词组匹配	boys shoes	短语及其近似变体	boys shoes、boys shoes 10	shoes for boys、shoes boys、boys red shoes
精确匹配	boys shoes	完全相同的短语及其近似变体	boys shoes、boy’s shoe	boys shoes 10

- 广泛匹配：这一匹配类型可为广告带来广泛的曝光量。如果买家的搜索查询包含所有关键词或其同义词，则将视为匹配。买家搜索查询可以包含任意顺序的关键词或其同义词。广泛匹配还包含拼写错误的关键词、相关搜索以及与关键词近似的其他变体。
- 词组匹配：买家的搜索查询必须包含准确的词组或词序。与广泛匹配相比，该类型的限制性更强，通常会将你的广告显示在相关度更高的位置。
- 精确匹配：买家的搜索查询必须与关键词的词序完全匹配，广告才会显示。另外，还将匹配与确切的关键词近似的变体。精确匹配是限制性最强的匹配类型，但其匹配结果与买家搜索的相关度更高。

6.2　广告效果该如何进行优化

对于亚马逊卖家而言，不做广告怕没销量，做广告又怕效果掌握不住，光看着数据天花乱坠却不知道从哪里着手调整。接下来，我们就来说说这些问题的解决方法。

6.2.1　无展示、无点击、无转化的广告优化思路

很多新手卖家做广告时最容易遇到的问题就是无展示、无点击、无转化，俗称“三无”广告，展示、点击、转化都无限接近于 0。针对这种情况，我们该如何做呢？

首先要搞清楚三无广告的核心问题在哪里，其实就在于第一点——展示。没有展示，后两者自然无从谈起。所以，解决三无广告的核心就在于解决展示的问题。知道了问题的症结，接下来只要对症下药就可以了。

如果一个广告没有展示，我们该从哪些方面入手进行思考呢？

1．关键词密度

产品关键词密度是亚马逊判断产品是否能够触达搜索广告的一个重要标准，只有密度达标的产品才会有更多的展示，毕竟客户搜索一个关键词是希望在这个产品里看到这个对应的关键词来满足他的搜索需求的。如果没有形成密度，客户将会很难在你的产品上满足搜索需求，你的产品就会被亚马逊判断为关键词相关性不强、展示不多。

所以，对于一个产品来说，关键词密度非常重要。记住，要体现密度的是客户搜索的词，而不是其他词。所以，知道客户搜索的词很关键。

2. 关键词相关性

对于关键词相关性，要分不同的广告形式来判断。第一，自动广告。对于自动广告关键词的相关性，亚马逊是通过产品页面抓取来进行计算的。所以就要求我们务必找好关键词，把客户搜索的词都放在页面上。千万不要凭空想来上传产品，因为这种方式完全脱离了客户的搜索，所有的词都是“你觉得客户可能感兴趣”的词，而不是“客户真正在搜索”的词。

第二，手动广告。由于手动广告的关键词是我们自己设置的，所以亚马逊会判断你设置的关键词是否出现在你的产品页面，同时也会判断你设置的关键词是否真的和你的产品有相关性。所以，卖家不要自作聪明，产生一些“奇思妙想”。

例如，一个口红卖家觉得他的客户群和卖女包的客户群是重叠的，所以他就把女包的一些关键词放在他的口红的广告组里，企图把口红广告在女包的类目下进行展示，想抓住这些“边缘客户”。

其实，这种做法是完全不现实的。在亚马逊的判断下，你的口红和女包完全没有相关性，所以根本不会给你展示。所以，手动广告的关键词务必要和自己的产品息息相关，不要尝试打擦边球，那样是不会有效果的。

3. 出价

虽然广告的出价不是主要排名要素，但是出价依然影响着我们的展示量。如果我们的广告出价远远低于亚马逊的建议出价，或者在旺季的时候没有及时调高出价，再加上表现也不是特别优秀，那么我们的展示量必然会很低。所以，要想提高展示量，除了关注自己的 listing 以外，还需要关注自己的出价是否低于同行太多。尤其在旺季，点击费用翻倍是很正常的事情。

4. 账户权重

亚马逊在乎的永远是客户的利益，当你的账户健康状况堪忧的时候，你的广告展示自然就会出现问题。亚马逊所考虑的你账户健康的各个方面的细节其实都是用户购物体验的细节，如果我们做得不好，亚马逊自然不会把我们的产品展示给客户。它更愿意把那些客户体验好的产品展示给客户，这样不仅会提高产品的销售转化，也会提高客户的满意度。

5. Review

不可否认，Review 是体现产品好坏的一个非常重要的因素。一个 Review 分数较高的产品就意味着较好的转化率和较低的客诉率，反之，转化率会差，客诉也会多。亚马逊自然更愿意让 Review 更好的产品展示在前面，既能够保证客户的满意度，又能维持较高的转化率，一举两得。

如果我们遇到展示方面的问题，就该从以上方面入手进行优化，增加关键词密度、提高 listing 的质量和相关性、合理提高自己的点击出价、重视账户健康并维持你的 Review 分数等。

6.2.2　有展示、无点击、无转化的广告优化思路

上一节详细介绍了遇到“三无”广告时的核心解决思路，但也有很多时候可能遇到的不是“三无”广告，而且这种情况往往比“三无”广告更令人头疼，即“二无”广告，即有展示、无点击、无转化。

很显然，根据前面分析的经验，“二无”广告的解决核心自然就落在了点击率上，也就是我们通常所说的 CTR。点击率是解决“二无”广告的核心所在，因为如果没有点击，转化无从谈起。接下来，我们来分析一下在解决了展示问题的前提下，该从哪些方面调整以提高产品的点击率。

1．出价

毋庸置疑，广告展示位越靠前，点击率就会越高，客户很少会去点击右侧的或者最下面的广告。所以，如果你的广告展示量还不错，却一直没有点击量，说明你已经进入了排名靠前的页面，可以考虑是不是费用出得低了才导致展示位偏后。你可以尝试稍微提高出价，测试一下这个展示位是否会靠前。

2．图片

笔者曾遇到过一个非常生动的例子，一个学员的产品展示量还不错，但是点击率却一直上不来。他把产品链接发过来之后，笔者第一个想法就是“这个产品是什么”。所以很明显，客户也不能通过产品主图看出这个产品是什么，又怎么可能去点击呢？

由此可以看出，主图也是非常重要的一个环节。虽然说“电商就是卖图”有些言过其实，但是图片的重要性在点击率里确实排名前三。由于亚马逊的图片有严格的规定，所以不要求卖家把主图做得多华丽，但最起码的一点要求就是你要让客户通过图片能够看懂你的产品到底是什么，否则很难吸引客户的眼球。

3．Review

之前我们在说到展示问题的时候就强调过 Review 的重要性，现在我们的点击率同样会受到它的影响。产品的 Review 现在已经成为不可或缺的一个环节了，所有的客户在点击我们的广告之前，都会看一眼这个产品的 Review 分数或者是否有 Review，客户不愿意做第一个吃螃蟹的人，往往看到那些评分较低的产品就不去点击了。所以，Review 情况会在很大程度上影响点击率。

4．价格

这里的价格不是指点击出价，而是指产品价格。一个产品的价格，应当满足客户的心理预期、市场的评价价格等多个因素。所以，确定价格的时候如果不认真、随便定，过高或者过低的价格都会影响产品的点击率。过低，客户认为不可靠；过高，客户认为超出承受范围。所以，合理的定价也是影响点击率的一个重要方面。

5．标题

有些时候，标题的重要性甚至远远超过图片的重要性。例如，手机或者功能性的产品，客户不可能从图片上直接分辨出是 iPhone 8 还是 iPhone 8 plus，也没有办法从图片上分辨出来一个产品的防水等级。所以，这些关键性的信息只能从标题上体现出来。这里就对我们分析客户关键词又一次提出了要求，必须分析出客户到底在关心哪些核心的关键点，要把这些关键点都放在我们的标题上。这样客户才会去点，因为标题有他的兴趣点。如果你的标题只是在自说自话，客户想找的关键点一个都没有，那么他是不可能去点击的。

6．促销活动

促销活动是对客户的额外的吸引。如果你的产品有促销活动，就会有一个醒目的标识出现在你的 listing 里，就会吸引客户来点击你的产品。当然，这个前提是能做好以上几点。否则，客户连你的产品是什么都不知道，产品价格又不靠谱，评分也很差，就算有活动也不会有吸引力。

如果我们的广告 CTR 一直上不来，就要从以上方面思考并改进。及时提高点击出价、清楚明白地展示产品的主图，有较高的 Review 分数、合理的产品价格、能让客户感兴趣的标题以及恰当的活动，这些都是我们需要关注的焦点。

6.2.3 有展示、有点击、无转化的广告优化思路

广告的投放里面最让人头疼的问题就是展示量很好了、点击量也说得过去，但就是没有带来任何订单，眼睁睁地看着自己的 ACOS 飙升到无限高，真金白银花出去了，却没有任何转化，不仅运营人员头疼，相信花钱的人更心痛。所以，这个问题亟待解决。

一个产品，有展示了，也有点击了，却没有转化，其实症结很简单，就是 listing 本身的问题。接下来分析一下到底是什么影响着转化。

1．附图

既然客户点击进来了，那么必然是对你的主图已经有所认可了。这时候，他需要看到的是产品的更多细节，所以，我们的附图就需要给客户展示产品各方面的细节，甚至包括产品的尺寸及材质等信息都要展示给客户，以让客户了解到这个产品究竟是不是他想要的。所以，千万不可以小看附图，它是我们转化过程中的一个相对重要的因素。主图的任务在客户点击进来的时候就已经完成了，剩下关于产品的加分项就看附图的表现了。

2．价格

这里提到的价格是指能够实实在在地让客户买到的价格。千万不要像有些卖家那样，用配件的低价把客户吸引进来，然后把真正的产品价格标得很高，因为那样不会形成转化，或者客户在认真看了你的产品之后觉得性价比并不高，从而就会导致转化率非常低，造成广告投入打水漂的结果。

3．短描述

我们已经用标题告诉客户我们的产品是什么，但还需要用短描述来告诉客户我们的产品有什么。客户所需要的具体数据或者功能应该都能在短描述里找到，因为短描述是客户进入产品详情页之后第一个寻找的地方，应该认真地编辑。先从客户搜索的关键词里总结出客户的需求方向，再把需求方向详细地展示给客户，这就是用客户的数据来满足客户的过程，这个过程也是我们提高转化率的不二法门。

切忌那种盲目抄袭别人的短描述的行为，“知其然不知其所以然”的行为是不可能起到实质性作用的。

4．差评

当客户来到我们的详情页面的时候，可能降低我们转化率的就是差评率，客户会去阅读差评，总结出发生了什么，以及差评里反映的事实是否是影响产品使用的。

这些方面都会是我们客户下单的拦路虎。所以，应该尽量让差评消失在我们的Review第一页，甚至我们要去想办法让那些可有可无的缺点排名靠前，让那些非常影响购买的差评排在后面。这样，就能最大程度地去抵消差评对我们的负面影响。

5．Q&A

亚马逊的产品页面里有一个非常优秀的功能——Answer Questions，这个功能可以让客户把对于产品的各种疑问提出来，然后购买过这个产品的人和卖家都可能会收到邮件通知，知道有人提出了问题，这时候无论是卖家还是曾经购买过的买家，都可以回答这个问题。作为卖家，我们是可以灵活运用此功能的。

我们可以提前去竞争对手的产品下面看客户都曾经提过哪些问题，然后在创建产品页面的时候提前找人把一些典型的问题和回答在自己的页面做好。这样，客户来到页面时如果有类似疑问，就可以在我们的Q&A里面快速找到。能让客户迅速找到答案，自然对我们的转化是大有裨益的。

6．长描述

虽然很多客户不会仔细查看长描述，但它也是一个重要的转化因素。因为我们通常在长描述里填写各种各样的产品参数，这些具体的产品参数往往对有些客户是非常有用的。

7．尺码

如果你的产品牵扯到尺码问题，请务必上传自己的尺码表，不要选择亚马逊默认的尺码表。有自己的专用尺码表，对提高自己的转化率有很大作用。

6.2.4 少展示、高点击、有转化的广告优化思路

这种问题的痛点可能和之前的几种不同，展示不多，但是客户兴趣浓厚、转化率有，但又不是特别高。这会是哪些方面造成的呢？

1．点击费用

毋庸置疑，遇到这种情况时，我们第一个应该考虑的是提高点击费用。既然点击

和转化都有，说明我们的产品表现还是达到了亚马逊的要求，所以点击费用是我们扩大战果的第一选择。但是，在扩大战果的同时请务必注重 ACOS，盲目地提高点击费用而不关注 ACOS 也是不可取的。

2. 关键词

展示很少，如果仅仅是自动广告，可以通过提高点击费用来初步解决，但如果是手动广告，还可以从关键词的数量入手。提高关键词的数量，是我们可以努力的另外一个方向，多拓展几次关键词，从多个不同的角度拓展关键词，少使用精确匹配，多使用词组匹配，这些方法都可以提高我们的展示量。

对于这种广告问题，解决的思路就是这两种。但请务必注意，不要把这种解决方式和第一种混淆，两者有本质区别。

6.2.5 合理的 ACOS 应该是多少

很多人都会问出这样的问题：合理的 ACOS 应该是多少？其实，这个问题本身是无从回答的，因为每个站的 ACOS 都不一样，所以，下面分站来讨论一下。

首先，美国站。美国站的 ACOS 其实还是应该分类目来说，但那样就不太现实了，所以我们只能大致给出一个平均值。根据统计，美国站的 ACOS 的上线阐值在 25%左右，超过这个值，你的广告表现还有产品本身的利润都会开始受到负面影响。但是，有些类目还是可以控制在 10%～15%的，这一点还需要详细对应地看一下。

其次，英国、日本站。之所以把这两个国家放在一起说，是因为它们的表现差不多，正常的 10%～15%的表现算是合格，低于 10%算是比较优秀的。

再次，法、德、意、西站。这四个国家的 ACOS 处于第三梯队，这些站由于竞争对手少，所以买家能选择的范围较小，转化会较高，一般 10%以内的 ACOS 都算比较正常。

所以，对于 ACOS 的阐值，一定要根据你的站点来衡量，切勿一概而论。

本节详细讲解了遇到广告的各种疑难杂症时该如何应对并一一找到病根，对症下药。亚马逊的广告设置能够调整的地方很少，无非是点击费用、每日预算、关键词及否定关键词等。

这些地方真正能调整的其实不多，所以我们也能看出，亚马逊最终想让我们调整的其实还是我们自己的产品，希望我们能够提供一个高转化率的产品页面，同时提供给客户高质量的产品（这两个方面才是我们应该努力的目标），而不是每天想着省多少广告费。

所以，一定要时刻明白我们要什么、客户要什么、亚马逊要什么，这样才能知道应该调整的是什么，而不是盲目前行。

6.3 广告在亚马逊里究竟扮演什么角色

前面介绍了关于广告的很多方面。接下来讲一下广告在亚马逊上究竟应该扮演什么样的角色，亚马逊如何看待广告，客户如何看待广告，我们又应该如何看待广告。

6.3.1 浅谈亚马逊的核心思路之一——轻广告

在整个亚马逊的 A9 搜索引擎排名系统中，购物一直会是当仁不让的核心功能。一直以来，亚马逊都基于客户的交易和转化对页面做了排列方面的调整。当客户搜索任意一个产品时，亚马逊一直会推荐非常多的相关甚至同类的产品供客户选择，所以亚马逊一直为让客户有更多的选择而不断努力，最终目的是要通过这些丰富的选择形成购买和转化。

从客户开始浏览一个产品到客户把一个产品加入你的购物车，页面都会展示出非常多的相关或者相同的产品，同时不断地提醒客户“这里还有一些选择，你要是不满意也可以再看看”。这是非常简单的一个趋向，用趋同心理让客户买到更好的产品、更多的产品，这就是亚马逊通过关联推荐形成更多订单的方法。

除了关联推荐之外，在每一个产品页面的 listing 排名旁边，我们都可以轻松找到该类目的各种排行榜。在各种排行页面旁边又有一个新刊登热卖排行推荐，各种各样的推荐层出不穷，不断刺激消费者的购买欲望，麻痹客户那根理性的神经，不同的产品反复多次地向客户展示，最终促成交易。

而对于任何一个买家来说，只要他在亚马逊上搜索过任意一个产品，下次再来到亚马逊时，上次查看的产品就直接展现给他，同时还有相关产品推荐给他，不断提醒客户再次关注它。这样的反复刺激，最终还是导致客户的购物行为的发生。正是这些反复出现、相互交叉的精准推荐，极大地提高了客户的购买频率和购买数量。当然，这些行为是从客户的角度出发做出的，而不是把产品强行塞给客户，客户在整个购物过程中不会感到丝毫的不适。

对于广告来说，亚马逊的广告形式非常简单，对于客户的每次搜索，广告位基本都会只少不多，甚至有些类目不允许做广告。较少的广告展示，让客户对亚马逊没有那么强的排斥心理。可以说，亚马逊深谙欧美用户排斥广告的心理，用更加精准、更加智能的关联销售推荐带来的成交为平台创造的营收远远多于广告。

6.3.2　如何对待亚马逊里的广告

对于亚马逊里的广告，我们应该做到以下几点。

首先，说一说做不做以及该什么时候做的问题。第一，我们要明确一点，广告是一定需要的，因为它是最有用的敲门砖。新产品的销售，通常都是指望它来开启的。第二，我们要明白，做亚马逊的广告该什么时候做。不推荐一上来就做广告，而是应该在有了 Review、有了好的产品页面以后再做广告。

其次，我们来说一下做亚马逊广告时应当避免哪些不该发生的事情。

第一，千万不要有土豪心态，觉得只要把竞价提高就一定能把广告排名推上去。事实并不是这样的。亚马逊的广告展示和搜索排展示是相似的，都有着自己的排名体系。搜索排名是由销量、转化率、相关性等因素来决定的，而广告的排名规则也不仅仅是由出价这个单一要素来决定的，它是由产品本身表现和广告表现以及出价三方共同来形成营销的。并且，亚马逊的广告展示位每天都会轮换几次，不会一直让某一个卖家霸占。而且，广告和产品的表现对应的权重是大大高于出价的。

对于平台来说，一切都是为了更好的转化率服务的，最终的目的是争取更多的销售额，而不是广告费！所以，亚马逊不可能为了赚几个点击费用而不顾客户的感受把你排在前面。所以在亚马逊里，谁的转化好，谁的账户权重高，谁能带来更多的销售，谁的排名就有更多机会排在前面。

第二，千万不要把所有的希望寄托在广告上。有很多人每天在广告上花费的时间有几个小时，但广告表现还是很差，为什么？广告真的只是一个敲门砖，没有任何一个大卖家是把销量寄托在广告上的。其实，广告本身只是一种辅助销售技巧而已，其作用仅仅是增加产品的曝光度和流量，而不能绝对地增加转化率，对产品本身的竞争力也没有明显的改进作用。在产品销量的主要因素中，流量是排在后面的。

流量通过广告带来了，关键就要看产品的转化率了。没有好的转化率，单单指望广告流量来拯救你的销量，那无异于饮鸩止渴。我们应该考虑的是如何提高产品本身的竞争力，以产品为王。有了好的产品再去做各种营销可以事半功倍，否则就是白花钱。

第三，对广告一定要有责任心。我们在讲自动广告的时候就已经提到，千万不要对自动广告放任自流，那样做吃亏的只能是你的钱包。自动广告并非真正的“自动”，我们要定时查看报表对广告进行优化，甚至对产品进行补充，每天只是看看自动广告的钱够不够的行为太不负责了。

第四，不要一上架就开广告。如今的客户已经被我们培养习惯了，客户改变了我们，同时我们也改变了客户。客户会查看每个产品的 Review，所以没有 Review 的产品属于残缺的产品，要把产品做完整了再呈现在客户面前。

所以，如果我们开广告，要谨记不要踏入以上误区，不要把钱白白花掉还不知道怎么回事。

第 7 章

如何发 FBA？要不要选择龙舟计划

本章内容也是广大做亚马逊的人员逃不开的一个心结，FBA、物流、仓储、运费，这里的每一项都关系到我们的产品价格及利润。所以，搞好这些基本内容，很有可能让你多出几个点的利润。

7.1 FBA、FBM 的比较及抉择

很多卖家都在纠结，不知道该不该发 FBA。接下来，我们就揭晓答案。

7.1.1 FBA 的优势和劣势

对于 FBA 卖家来说，最大的优势莫过于流量和曝光的支持。当然，FBA 的优势不仅仅在于这一点。比如拥有非常优秀的客服，这也是自发货卖家做不到的。再如，作为

FBA 卖家，如果客户给出了关于物流的负面反馈，卖家是完全不用承担责任的。哪怕不是因为物流原因给出的负面反馈，删除负面反馈的概率也比自发货卖家要高很多。

另外还有最关键的一点就是，亚马逊的付费会员目前占亚马逊客户的 60%，这么多的付费会员自然会优先选择有 Prime 标记的产品，所以 FBA 对产品销售的转化率提升也是有非常大的帮助的。

所以，FBA 的优势如下：流量的支持、优秀的客服、高概率删除负面反馈、较高的转化率。对于卖家来说，这些都算是比较重要的方面了。那么，FBA 的劣势有哪些呢？

任何事情都有劣势，FBA 也一样。对于使用 FBA 的卖家来说，最心塞的莫过于退换货了。有数据表明，FBA 的退换货率高达 30%。亚马逊也正是全美退换货率最高的平台，所以做 FBA 卖家，最大的劣势也就是 FBA 客服太好说话，只要客户稍微提出一点点异议，客服都会引导买家去进行退换货的操作，这种现象非常普遍，甚至有时候“慷他人之慨”，直接把货送给客户了。

很多卖家对 FBA 最绝望的莫过于退换货这一条了。但是 FBA 还有另外一个劣势，就是所收取的分拣费、仓储费都比较高，甚至在产品费用里占比会超过亚马逊所收的佣金，十分恐怖。

所以，FBA 的劣势如下：一是高居不下的退换货率；二是慷慨的客服；三是高昂的使用费。这里的每一点，其实都是关乎我们利润的关键点。所以，我们不得不慎重考虑，到底是不是要使用 FBA 来发货。

7.1.2 FBM 的优势和劣势

对于自发货的卖家来说，最大的优势莫过于不用压货，资金压力较小，不会因为需要囤货而使自己有非常大的资金压力。同时，客服掌控在自己手里，可以通过优质的客服降低一部分退换货成本。

所以，自发货的优点在于：资金压力小、可有效降低退换货成本。

自发货的劣势就在于：由于不是通过亚马逊发货的，所以在权重方面亚马逊不会给予加持，相对应的曝光度和流量就会减少。同时，亚马逊客服是不解决自发货卖家的客服问题的。

另外，由于本书的读者大多都是中国卖家，自发货从中国发货，运输周期非常长，所以也会影响客户的转化率。还有最关键的一点是，自发货卖家删除负面反馈的概率非常低，这对账户的健康会有一定的负面影响。

所以，自发货的劣势如下：一是影响曝光度；二是没有专业的客服；三是转化率低；四是删除负面反馈的概率低。

7.1.3　两者该如何选择

卖家看了上面的优劣势分析以后，应该心里都有谱了。如果想在亚马逊上有所建树，就应该选择 FBA。虽然我们可能因为较高的退换货率和物流成本损失一些利润，但后期做稳定以后，这些利润都是可以通过优化产品、优化物流弥补回来的。

毕竟，更高的曝光度和订单量才是我们的目标。我们也可以自行搜索一些产品，如图 7-1 所示，排名在前面的产品几乎都是带有 Prime 标记的 FBA 产品，自发货完全没有展示的位置。

图 7-1　排名靠前的产品

如果只是想在亚马逊上小试牛刀，那就使用 FBM 自发货吧，毕竟做 FBA 需要的投入会让你的试水成本过高，得不偿失。

7.2 FBA 发货小秘籍：物流商该如何抉择

在我们发货的时候，物流商的选择很重要。特别是接近旺季的时候，物流商的选择对于旺季的产品销量更加重要。所以，选择物流商一定要认真，否则就坑了自己。

7.2.1 该选什么样的物流商

经常遇到有人问什么价格的物流合适，但凡问出这个问题的人必然不懂物流。报价，绝对不是我们选择物流商的唯一标准，还要考察这家物流商的清关能力、服务能力和排仓能力等。

选择物流商绝不能仅仅按照报价来定，一定要综合考察，甚至应该先走一两票货物试试水，这样才能知道这家物流商到底行不行。

合格的物流商，必然不会是一个草台班子。如果你在和一家物流公司合作的过程中发现，你所接触到的这家公司的销售、跟单、售后、财务都一直是一个人，说明这家物流公司必然是一家小公司。因为一家完善的物流公司必然有一套完整的运作体系，而不是所有活都一个人干。

当然，这只是一个例子。我们要通过多种方式来观察一家物流公司，甚至和新公司合作的前几票都要认真跟踪，并且可以适当地给这些销售代表出一些难题，问一些非常规性的货物问题，看对方的反应。一家有非常多客户的物流公司，必然也会遇到很多非常规性的问题。如果这种问题对方不能很快答复，就说明这不是一家专业的物流商。

7.2.2 了解物流商的最好办法

很显然，要想了解一个人，最好的办法就是和这个人相处，察其言，观其色。物流商也一样，要想了解它就要去该公司拜访一下，进行简单的实地考察。

另外，口碑也很重要。多在你加入的一些群组里问问，有没有人了解这家物流商或者与其合作过，毕竟走过的人知道到底是不是个坑。很多物流公司都有仓库和车队，仓库主要看安全性、操作性和仓库管理人员的素质。不一定要站台库、数码仓库，从简单的库区环境到防火防盗设备是否完善就能看出好坏。

考察车辆就没有必要了，因为没有多少物流公司的车子是放在那里供参观的，物流公司的车放一天都是亏钱的，它们的车要出去赚钱。如果你见到整齐摆放的车队等待你的检阅，那答案就很明显了——要么它们在作秀，要么没有生意。前者无用，后者冷清，这样的物流公司你自然不敢用。

7.3 发 FBA 被分仓怎么办

7.3.1 什么是分仓

做亚马逊的人员大多遇到过分仓的问题。所谓分仓，指我们发货的时候，亚马逊把我们发的同一批货分到了不同的仓库。因为物流发货是重量越大，单价越低，所以一旦被分仓，就意味着我们的货不能一起发走，这就需要付出更高的物流成本。对我们来说，必然是不利的，因为无形中提高了我们的成本。

首先，我们要明白一件事情，亚马逊是默认分仓的。因为合仓要收取费用，所以在你没有同意设置合仓之前，亚马逊默认每票货都会根据仓库的实际情况来给你分配仓库位置。虽然分仓有一定的好处，但对于卖家来说，分仓也是要付出高昂的费用的（见图 7-2）。

标准尺寸（包括所有标准尺寸商品尺寸分段）	
1 磅或更低	0.30 美元
1-2 磅。	0.40 美元
超过 2 磅。	0.40 美元 +（超出首重 2 磅的部分）0.10 美元/磅。
超大尺寸（包括所有超大尺寸商品尺寸分段）	
5 磅或更低	1.30 美元
超过 5 磅。	1.30 美元 +（超出首重 5 磅的部分）0.20 美元/磅。

图 7-2　分仓费用

从图 7-2 中可以看到，亚马逊把我们的产品按照尺寸分为标准尺寸和超大尺寸。在入库之前能够清晰地看到亚马逊对这些尺寸的划分。并且针对不同的尺寸重量，亚马逊有着不同的收费标准。

总体来说，标准尺寸就是首重 1 磅，首重费用为 0.3 美元，续重 1 磅，每磅收 0.1 美元。不足一磅按一磅收取费用。如果是超大尺寸的产品，那么首重就是 5 磅，不足部分按 5 磅收取，首重收 1.3 美元，超过部分每磅按照 0.2 美元收费。

如果一个标准尺寸的产品重量是 3 磅，那么每件产品收取的分仓费用就是 0.3+（3-1）×0.1=0.5 美元。

如果是超大尺寸的 10 磅的产品，收取费用就是 1.3+（10-5）×0.2=2.3 美元。

由此可以看出，仅仅是放置一下，一件产品都要被收至少几元人民币。所以，费用算是非常高的。

7.3.2 最经济有效的分仓方法及费用

要解决分仓问题，最官方的方法就是使用 FBA 的合仓服务，这一服务的开启位置位于后台首页右上角的“设置”—“亚马逊物流”—“入库设置”—“库存方式选项”—“库存放置服务”。当开启这项服务之后，我们就可以利用亚马逊官方的方法把自己的产品归到一个仓库里，从而有效增加头程的起运重量、降低运费。

但是，你一定要根据图 7-2 中所列出的费用认真核算，看看使用这项服务是否真的能够帮你省钱。毕竟我们已经承担了不低的头程费用，如果再加上合仓费用，有时候还不如分开发。

既然官方的合仓方式这么贵，那么大家肯定都想通过一些非官方的方式达到合仓的目的。接下来介绍一下怎样合理地避免分仓。

我们都知道，在建仓时需要填写准备入仓的数量，这个数量由你这次准备发多少货来决定。当我们填写数量（比如 200 件）之后，如果发现亚马逊把我们的货分到了 *N* 个仓库，最有效的方式就是我们接下来 *N* 倍建仓。

按照亚马逊分仓的方法，当你的 200 件货被分到三个仓库时，你就三倍建仓，亚马逊很可能一样给你分三个仓。这三个仓库，一般都会在 200 上下浮动，你就可以选择一个最适合你的量进行发货。如果你想少发些货，可以选择不到 200 的仓库发货；如果你可以多发一些货，就选择一个量稍微多一些的仓库进行发货。这样一来，就可以节省不少运费了。

当然，用这种方法建仓不能及时删除剩下的计划，因为这会影响到你的库存绩效，频繁删除会被亚马逊警告甚至剥夺发 FBA 的权利。所以，剩下的仓位可以留到下次再发，这批货卖完了要补货时就可以利用上次建好的仓位直接补货过去，这样做是完全符合亚马逊规则的，而且也容易掌握进货量。

7.4　海外仓的林林总总

很多人总觉得自己用不到海外仓，其实海外仓是我们做亚马逊时不可或缺的一个组成部分。不管是大卖家还是小卖家，都离不开海外仓。对于亚马逊卖家来说，有一个靠谱的海外仓是非常重要的。接下来就分析一下为什么海外仓如此重要。

7.4.1　什么是海外仓，如何合理使用海外仓

所谓海外仓，是指建立在海外的仓储设施，是国外的商家给我们国内的卖家提供仓储和退换货的地方。

关于如何合理运用海外仓，对于大、中、小三种卖家来说，都有不同的答案。所以，我们就针对不同的卖家类型进行分析，看看不同的卖家应该如何使用海外仓。

1. 小规模卖家

对于小卖家来说，海外仓的功能应该更多地着眼于退换货。我们在前面也提到过，亚马逊的退换货率一直高居不下。作为小卖家，应该合理地使用海外仓来进行退换货的二次处理。在发生退换货情况时，在无法进行二次销售的情况下，亚马逊一般会让你选择弃置或者发送到某个地址。由于亚马逊的规则严格，所以很多产品被客户退换货之后会被亚马逊直接列为不可二次销售的产品。

这时候，如果没有一个合理的海外仓，这些货只能让亚马逊帮我们弃置，并且还需要另外收费。有了海外仓，就可以把这些货发到我们的合作海外仓，让它们帮我们把那些可以二次销售的货品进行重新包装和贴标，并重新发回亚马逊仓库，这样就可以最大程度地挽回我们的损失了。

2. 中等规模卖家

对于中等规模卖家来说，退换货是一项基本需求，是必须具备的一个条件。除此之外，中等卖家对海外仓的仓储需求更加迫切。① 中等卖家可能不止一个账户运营，为了节省运费，可能会把货一次性发到海外仓进行仓储。否则，全部一起发 FBA 会引发关联。② 并不是所有账户的表现都会一致，所以放在海外仓进行调配很有必要。所以，中等规模卖家需要一个稳定靠谱的海外仓来帮忙进行资源的调配和规划。

3. 大规模卖家

对于大规模卖家来说，很可能已经选择自建海外仓了，因为它们对海外仓的需求

更大。除了和小、中卖家一样的需求外，它们可能还需要对破损产品进行鉴定、修理及升级换代等，海外仓相当于这个卖家在国外的一个支持中心。

由此可以看出，不管是多大规模的卖家，其实对海外仓都是有需求的。不同的卖家需要不同层次的产品，所以我们在布局亚马逊卖家店铺的时候，最好可以把海外仓考虑在内。

例如笔者曾经用过的一个海外仓，不仅具有基本的海外仓功能，而且可以帮助卖家进行产品的测评和回收。如果有一些中高价格的产品需要做测评，就可以选择让海外仓来回收测评完毕的产品，甚至可以进行二次销售。这样做也可以节约一大笔测评的产品费用。

7.4.2 海外仓和 FBA 该如何抉择

讲到这里，又有问题出现了：海外仓和 FBA 该如何进行抉择？

海外仓的作用是可以帮助我们减少一部分费用，而 FBA 其实是帮助我们提高曝光度和销量的，是必不可少的一个内容。其实，海外仓就是 FBA 的一个补充，可以利用海外仓做一些 FBA 做不了的事情，比如退换货重新包装及多个账户的发货操作等。

所以，海外仓和 FBA 两者其实是相辅相成的，FBA 促进销量，海外仓帮助我们改进售后水平。任何一个想做好做大的卖家，都应该同时具备这两者。否则，在仓储这里终将是一条腿走路。

7.5 龙舟计划

龙舟计划是亚马逊针对中国卖家推出的一项特殊服务，其实就是亚马逊物流 Plus 的中国特供。通过龙舟计划，卖家大大减少了中间流程，不仅节约了金钱，更重要的是节约了大量的时间。在亚马逊“黑五”旺季期间，龙舟海运计划依然能做到 29 天之内完成从收货到上架销售的过程，还是很给力的。

亚马逊的龙舟计划包含空运、海运和铁运三种模式，所以几乎所有的城市都可以承接服务。但如果需要使用海运服务，亚马逊能够发货的港口城市就只有：华北地区的北京和天津，华东地区的宁波和上海，华南地区的深圳、广州、厦门和香港。

对于那些因为太重或者体积太大迟迟没有做 FBA 的货物，卖家就可以利用龙舟把自己的货发到 FBA 仓库去。毕竟任何一个卖家想要做大，都是离不开 FBA 的。

第 8 章

正确对待 Review 和 Feedback

对于 Review 和 Feedback 这两个名词，做亚马逊的肯定都不陌生，每个卖家都离不开这两个词，所以，我们一定要搞明白。

8.1 Review 和 Feedback 分别是什么

每个在亚马逊上销售的卖家都会经历一个过程，就是厘清 Review 和 Feedback 的差别。

1．Review 是什么

Review 就是客户对你的产品的评价，展示的位置是在你当前 listing 的下方，如图 8-1 所示。每一条 Review 针对的都是当前 listing 里的某一个产品。

图 8-1　产品 Review

每一条 Review 都是针对产品本身的评价，如果我们的产品评价得了一星或两星，则会严重影响我们的产品评分，从而影响到产品的曝光和转化。

2．Feedback 是什么

所谓 Feedback，用中文来说其实叫作“反馈”，指的是客户对于卖家购物流程及服务的一个整体打分。如图 8-2 所示，每一个卖家的反馈数量都显示在这个卖家的资料页面。

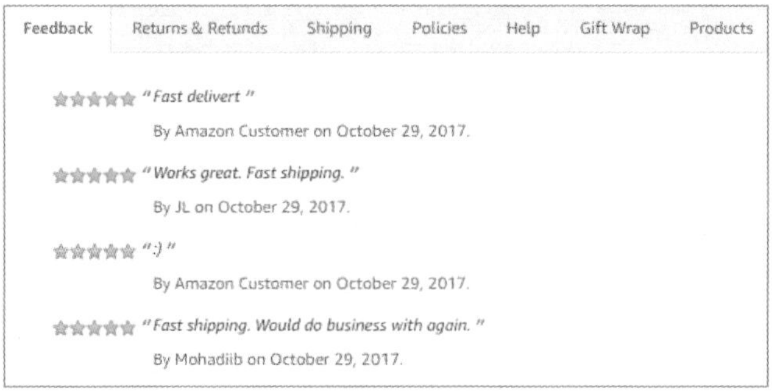

图 8-2　Feedback 展示页

Feedback 针对的是整个店铺的客户购物体验，所以从这一点来说，Feedback 的得分非常重要，因为亚马逊是非常看重用户体验的。而且 Feedback 也是账户健康的一个核心指标 ODR 的重要组成部分，所以一旦有了负面反馈，甚至有可能威胁到我们的店铺。

3．两者之间的区别是什么

Feedback 和 Review 的差别在于，前者更多的是针对一个购物体验的打分，后者则是针对产品本身的打分。在客户的每一个订单完成之后，亚马逊都会针对这个订单邀请客户对这个购物过程进行打分，这也是我们通常获得 Feedback 比 Review 更多一些的原因。

还需要说明一点，之前我们在讲解 FBA 的时候也提到过，针对亚马逊发货的卖家，反馈的差评是有机会删除的。所以，如果你是亚马逊发货的卖家，请及时注意你的反馈情况并及时提交删除差评申请。

最后还要搞清楚，不管评价还是反馈，亚马逊都没有类似淘宝那样到时间默认好评的规则。这一点和淘宝的规则还是有比较大的区别的。

8.2　Review 的影响会有哪些

Review 的重要性人人皆知，但是真要说它对账户有何影响，很多人又说不清楚了。接下来，我们就来说一下 Review 对账户的影响。

8.2.1　一个好评对转化率的影响

对于卖家来说，特别是对于还处在没有好评状态的产品来说，一个好评的出现就像一家公司拿到了第一笔天使投资一样重要。

其实从笔者的经验来看，国外买家在 2014 年亚马逊正式启动全球开店项目之前，对评价是没有那么依赖的。但是，现在的买家已经完全不一样了。现在的国外买家对评论的依赖性非常强，几乎已经到了“没评论不下单”的地步。说实话这个习惯也是被我们中国卖家给“培养”出来的。

不管怎样，既然这个习惯已经培养成了，那就是潜在的规则，我们就必须按照规则来走。所以在 listing 的销售初期，我们的首要任务就是给自己的产品弄出一个好评来，从而提升我们的转化率。

对于那些已有评价的产品，其实对于好评更多的在于维持，一是维持现有的评价分数，二是维持首页展示的评价质量。维持分数其实就是维持评价中好评的数量，维持评价质量其实就是让我们的好评展示在前面；如果出现差评，我们能有方法让好评及时地把差评遮住，不让客户看到。

8.2.2　一个差评对 listing 的影响

大家都不想要差评，原因其实非常简单，就是因为差评对我们的产品转化率有着非常大的打击力度。特别是在产品推广初期如果出现了差评，估计很多人都会想放弃这个 listing 了，由此可见一个差评的影响有多大。

目前在亚马逊对于一个新上架产品来说，差评的打击真的会非常大，因为比你优秀、比你努力的卖家真的太多了，只要你出现任何小小的失误，别人就会超过你，更不要说出现一个差评这样的事件了。

所以一旦我们的产品出现了一个差评，销售量第二天就会显著下降。通常出现一个差评给我们带来的损失，很可能需要五个好评才可以弥补，而且我们还不可能在没有准备的情况下短时间内一下出现五个好评。所以，差评对新产品的伤害真的非常大。

8.3 Review 该如何开荒

前面两节的内容给大家普及一下基本知识，从本节开始，真正和大家聊获得 Review 的一些真实可行的方法。

8.3.1 Top Reviewer 现在还有用吗

曾经亚马逊在每个国家都有这么一批 Reviewer，这些人常年活跃在亚马逊，帮助各种需要测评的卖家做产品测评以换取产品，并且他们都会在测评里留下一句话说明虽然他们拿了免费的产品，但这也是他们真实的使用体验。

这种方法曾经帮助很多卖家快速获取到了 Review 和订单，但从 2016 年 9 月开始，亚马逊调整了算法，不再接受这种用免费产品来获取 Review 的索评方式，并且继续全歼了产品里用这种方式换来的好评。但是当时亚马逊提到了，通过 Vine Voice 项目做出的评价是可以被认为是真实有效的。

后来亚马逊还推出了“早期评论人”计划，试图帮助需要获得评价的卖家。但由于早期评论人计划过度真实，使一些卖家望而却步，他们并不希望在送出产品之后反而获得一个真实的负面使用反馈。

那么，这些 Top Reviewer 还有作用吗？从上文可以看出。这个项目不可以再运行了，因为亚马逊不接受这样的评价模式了，但是，这并不代表 Top Reviewer 完全没有任何作用了，如果你的产品评论里出现一个人是 Top 10 的 Reviewer，那么对你的 Review 的整体质量的提高还是非常有帮助的，因为这些人的 Review 通常很专业，能够很好地提高你的产品的转化率。所以，虽然项目不在了，但如果有这些人能够帮你留下好的 Review，依然是很有作用的。

8.3.2　用一些小心思引发客户好感

相信很多卖家都在线上购物的时候遇到过一些非常贴心的卖家，从打开包装的便利程度到使用完产品之后可能用到的一些小物件，他们都非常贴心地准备在产品里了，更不用说他们的产品包装本身也非常精美了。

当我们遇到这样的卖家的时候，其实内心都会默默地点一个赞。但是换自己发货的时候，很多卖家都是能将就就将就，不太注意客户收到货物时的内心感受，这样如何能够让客户给你好评呢？就算亚马逊帮你邀请客户来给你一个反馈，客户对你的产品根本无感，如何给出一个好评？

所以，如果可以，应尽可能地在产品的包装和产品本身上多下一些功夫。卖手机膜送一个帮助贴膜的工具，卖衣服的送一个卷尺，这样都可以让客户觉得你很贴心。当然，还有一点非常重要，那就是你的包装。千万不要忽视包装，一个产品的包装是给客户的第一印象。比如 iPhone 高大上，它的包装自然也很高大上。如果 iPhone 给你使用一个牛皮纸包装，它在你心目中就不会是一个高端手机。

所以在谈你的产品之前，请先在产品包装上下点功夫。不要因为你的产品便宜就配一个看上去廉价的包装，要考虑到你的客户拿到产品包装时心里的想法。特别是一些自发货卖家，请务必搞清楚你的包装箱够不够硬，因为它很有可能要面对一些暴力的情况。

笔者曾经做过一个实验，让美国的朋友在店铺里下了单，自发货。当货到美国签收的时候，笔者认为还算比较结实的一个外箱已经破烂不堪。当笔者收到朋友发过来的照片和反馈的时候，第一件事是真心为以前收到过我的自发货包裹的客户祝福了一番，他们没给我差评真的是最让我感动的事情了。

并不是说好的包装就一定可以让买家留下好评，但要明白，如果你的包装不好，就会影响你的客户收到货物时的心情，毕竟谁也不想收到一个破破烂烂的纸箱子。如果客户因此给你一个差评，事情可就严重了。所以，避免差评往往比花心思得好评还要重要。

在讲 Review 的获取之前，我们要明白，Review 固然重要，但更重要的是你的产品，否则就算你弄来了 Review，产品本身不行，客户动辄给差评，你准备拿多少好评来填？

所以，Review 固然重要，但请务必先搞好自己的产品，这可比 Review 重要多了。

8.3.3 新的 listing 该如何获得五星好评

对于新的 listing 来说，大家一定都希望获得好评。那么，作为新上架产品，我们可以做哪些合规的事情来获得好评呢？

1．邀请客户来评价

只要有订单，我们就应该去做这件事情，因为这样确实可以提高我们获取好评的概率。但是这件事要做，就务必要做得专业。千万不要连英文都写不通顺就去邀请客户，那样很容易造成负面反馈。一个好的邀请函具体能吸引多少客户来写评价？可以参考给你留反馈的客户，是不是比评价的要多很多，如果是，就说明他们是亚马逊请来的。

2．利用亚马逊的 Giveaway 功能

亚马逊的 Giveaway 功能在网站上算是一个比较新的功能，但我们中国卖家已经把它和测评完美地结合到一起了，我们可以利用其先到先得功能给我们的测评人寄送免费产品，这样就可以在很大程度上逃离被亚马逊严查的风险了。

3．利用广大的折扣站

我们知道，国外有非常多的折扣站。一些大站，比如 slickdeal，必须是高等级的卖家才能够做的。但是也有一些小站，小卖家可以在上面发布一些折扣信息，卖家可以把自己的价格发布在折扣站上，吸引人们去购买。

同时，也可以通过折扣站让测评人通过链接进入我们的产品页来进行下单测评。从折扣站来的订单，特别是一些靠谱的知名折扣站，信任度还是很高的。这尤其适合新手卖家初期快速获取评论。

4．联系 Po 主

利用一些 Facebook，Twitter，Instgram 上现有的可以做 Review 的 Po 主，主动和他们联系，肯定会找到一些可以协助你做 Review 的人。

5．网红

去认识你所做类目的一些网红，并和他们合作。你可能得到的不仅仅是一个 Review，更有可能得到销量！

6．国内的各种群组

现在国外人也会用微信和 QQ 了，他们也建立了各种群组来接受国内卖家的产品

测评。我们可以花心思去找到一些，一个群组里面可是有几十甚至上百个买家的！

当然，有些卖家还有更直接的方法，花钱来摆平一些这样的群组。这种方法不推荐。

对于以上这些方法，建议大家不要一直用一种方法。大家可以把多种方式组合到一起，打出一套组合拳。千万不要在任何一棵树上吊着。

8.4 Feedback 的重要性

因为 Review 对转化帮助非常大，所以很多卖家会形成一种错觉，那就是 Feedback 不重要。那么 Feedback 到底是否重要呢？接下来分析一下。

8.4.1 对账户及成交的影响

对于亚马逊卖家来说，最重要的资产莫过于亚马逊账户了，每个卖家都很珍视手上的每一个账户，怕关联、怕关店，怕这怕那，归根结底还是怕会影响到销售额。

那么，Feedback 对账户有什么影响呢？众所周知，亚马逊有一个非常重要的指标叫作 ODR，其中有一项就涉及 Feedback，而亚马逊对 ODR 的要求又非常严格，不准超过 1%。也就是说，如果在你的 100 个订单里有一个订单出现一星或者两星的反馈，你的 ODR 就会立刻超标。

那么超标的后果是什么呢？ODR 是亚马逊衡量卖家是否能够给买家提供符合亚马逊标准的服务的标准，如果超标了，就意味着你不能给买家提供此标准的服务，结果很显然，就会开始威胁到你的账户的生存。

所以，千万不要小看亚马逊账户的反馈。一旦你的 ODR 超标，亚马逊就会警告你，并且很有可能会暂停你的账户销售权，让你提供计划再考虑是否给你开通。这样肯定对你的销售有很大的影响，特别是到了旺季，账户一旦被停，就意味着今年的努力可能会随之化为泡影了。

上面提到的是对账户的影响，可能要被亚马逊观察一段时间才能见到。但是在这里，能够立竿见影的就是对成交量的影响。因为很多时候，一旦有负面反馈，购物车就有可能丢失。特别是一些新手卖家，往往一不小心就把购物车弄没了。

要知道，亚马逊上接近 90%的客户都是通过购物车下单的。一旦没有了购物车，就等于和那九成的销售额说再见了，会极大地影响你的曝光和销售。

8.4.2 Feedback 出现问题时正确的解决思路

很多卖家怕出现负面反馈，主要原因还是不知道该怎么解决负面反馈问题。笔业从业这么多年，深知负面反馈删除的辛酸。所以给大家总结出“三板斧”，只要出现问题就把这一招使出来，这可能也是我们唯一能使出的招数了。

首先，不管是 FBA 还是自发货，先提交亚马逊客服进行删除。梦想总是要有的，万一实现了呢？特别是 FBA 卖家，亚马逊删除差评的概率还是很高的。

如果你没有使用 FBA 服务，那么这个差评能删除的概率就小很多。所以，不管以什么方式发货，如果第一步找亚马逊删除失败，请立刻走第二步，联系客户。联系客户无非就是深刻地认识错误，承认给买家带来了麻烦并提供折扣（或者免费赠送），如果客户觉得满意，或许就愿意将给你的差评撤销。

同时也可以引发客户同情心，比如“我是一个新手，如果您不满意的话，我可能会丢掉这份工作”。记住，在写邮件的时候，尽力避免把打折和删除评论建立起对等关系，否则会涉嫌违规。切记，不要因为一次两次被客户拒绝就丧失信心，笔者亲身经历过经过两三个月的沟通客户才愿意删除差评的，虽然意义已经不大了，但总归还是删了。

如果很不幸，亚马逊不理会你，客户通过各种方式都联系不上，那就只能走接下来的这一步了，就是去回复，因为你的回复大家也都是可以看到的。在回复里，你一定要让客户看懂，你已经采取措施避免此类问题再次出现了，并且一定要正式，千万不可出现一些随意的言论，否则会让客户觉得你们不是一家正规的公司。

这三步是出现负面反馈之后应该做的事情，这里还是推荐一下 FBA，那种很容易就可以删除负面反馈的能力对我们的运营来说帮助简直太大了。

第9章

亚马逊账户健康指标及维护

亚马逊的账户健康是一个老生常谈的话题。作为一个非常注重买家体验的平台，亚马逊用很多指标来指导卖家时刻注意这一点。所以，后台的所有关于账户健康的指标，其实体现的都是客户体验的方方面面。从这里不难得出结论，只要我们能够做好用户服务的各个方面，必然会让自己的账户健康到达一个比较高的等级。

那么，我们到底该如何判断账户健康与否呢？对于亚马逊来说，每个账户必然会处于以下健康状态中的某一种。

- 健康。这种状态是通常的健康状态，可以正常地在亚马逊上进行产品销售，也可以在完成销售以后正常地收到货款。
- 审核状态。出现这种状态的第一个原因就是由于你的账户表现优异，特别是新账户，在前期售卖的销售额超过亚马逊的监控值的时候，亚马逊就会及时地对你的账户进行审核。这种审核通常是在短时间内自动完成的，并且只要你的账户没有问题，就不需要提供任何资料。在这种审核中，你的账户可以正常销售，只是无法收到放款。第二个原因就是负面的了，比如侵权投诉、差评比例过高、客诉较多等。这种审核通常需要卖家配合提供各种资料，你的销售会被暂停，同时放款也会停止。

- 销售暂停。在这种状态下，你的销售权限已经被移除，但是还开放了申诉的机会。你可以根据亚马逊提出的要求进行申诉，亚马逊据此来决定你的销售权限是移除还是恢复。这时候，当然不会有销售和放款。
- 彻底停止销售。这种情况一旦出现，你的账户就彻底无法登录了，无论怎样找回密码，你的账户都会提示密码错误。如果遇到这样的情况，说明你真的要和你的账户说再见了。所以，只要我们的账户能登录进去，理论上都是可以救回来的。

9.1 ODR 是账户的“命根子”

在所有的账户健康要素中，ODR 是重中之重。别的要求都还有点商量的余地，ODR 的要求非常严苛，不得高于 1%的概率。也就是说，100 单里不能有一单出现 ODR 相关性的问题，有一单出问题就会超出亚马逊的要求。而且，如果你做 Amazon Business，ODR 的要求更是达到了 0.5%。所以，ODR 是我们必须了解的一个关键值，接下来进行详细说明。

9.1.1 Feedback，千万别让客户随便给差评

Feedback 指的是反馈，一般是客户针对卖家的服务流程及物流、包裹等体验给出的反馈分数。这里指的不是对产品的体验打分，如果客户整条反馈都是针对产品的体验的，是可以申请删除的。

Feedback 是账户 ODR 值里比较重要的一项，因为亚马逊会对客户的 Feedback 做出引导，所以出差评的概率也比另外两项要高。反馈的差评一般指的就是一星、两星的负面反馈，客户可以在收到货之后的 90 天内提出，卖家可以在客户提出负面反馈的 60 天内和亚马逊或者客户沟通移除。

那么，我们如何减少差评的产生呢？客户对于服务的反馈大多来源于物流、包装及服务等。做了 FBA，这些你都不用太担心，只要做好你的产品包装就可以了。

如果你是自发货卖家，请务必让你的客服跟踪好客户的物流信息。特别是在年底

旺季，一旦有出现问题的倾向就要及时解决，尽量避免让客户发现问题，这样可以在很大程度上降低差评出现的概率。

如果出现问题，务必和客户积极沟通，不要推诿。一定要抱着解决问题的态度和客户沟通，不要一味地去甩锅，那样极易给客户留下不好的印象。

9.1.2　A-Z Claim，让卖家“肝颤”的索赔

A-Z Claim 是一个让很多卖家听到都内心一缩的话题，为什么呢？因为这种亚马逊独有的索赔，其条款非常霸道。霸道之处在于，只要客户开出了索赔，除非亚马逊判断客户输，否则无论如何，这个索赔都会算进你的 ODR。

根据亚马逊客户至上的原则，想让亚马逊判客户输，概率真的很低。而且还有很多时候，基本上是没有办法判客户输的，下面就来进行详解。

1．什么情况下客户可以发起 A-Z

（1）客户没有收到货。买家最快在下单的三个工作日以上或者下单后 30 天（以两者中较早的日期为准）时间内提出索赔，最晚可在预计最迟送达日期算起 90 天内提出索赔。这又分为两种情况，一种是 FBA，另一种是自发货。

如果是自发货的情况，买家提出索赔之后，亚马逊会调查订单运输状态。如果状态是已签收，并且这个包裹是需要签收人亲自签名签收的，那么只要签名一致，亚马逊就会驳回买家索赔请求。如果签名不一致，亚马逊一样会驳回买家索赔请求，并且要求买家自行核查签名人的身份。

如果卖家包裹是不需要签名签收的，卖家就可能存在无法预见性的错误（发错货、发错地址、送货人员未尽职尽责），亚马逊会判卖家承担责任。如果买家对包裹是否能够准时送达提出疑问继而开启纠纷，那么亚马逊会判断包裹是否会在预计时间内送达，如果判断是不可以在预计时间内送达的，卖家就需要承担责任。

对于 FBA 来说，如果客户表示未收到 FBA 运送的产品，所有的责任都由亚马逊来承担。即使有客户开启了索赔纠纷，亚马逊也不会把这样的索赔计入卖家的 ODR 绩效内。

（2）实物与描述不符或者收到了损坏的货物。如果客户收到的货物与描述不符，或者货物没有达到客户的心理预期，客户都会以此理由来开启纠纷。需要注意的一点

是，国内很多卖家习惯性地吹嘘夸大自己的产品功能，非常容易给客户造成选择上的困扰。客户如果被你夸大的功能欺骗从而购买了你的产品，最终发生索赔纠纷，是得不偿失的。

我们在不夸大产品的同时，更要写清楚产品的使用说明，否则因为客户不会使用而出现实物与描述不符的纠纷，岂不是更冤？另外，我们在包装货物的时候，一定要选择牢靠的包装。千万不要在运送过程中产生损坏，否则被客户投诉收到损坏的货物也一样麻烦。

（3）买家已经完成退货，但是卖家并没有退款给买家。这种情况一般都是卖家的疏忽造成的。所以避免这种 A-Z 的方法就很简单，搞清楚每一笔订单的状态就可以了。当然，如果选择 FBA 发货，不用担心这一点，亚马逊的客服退款非常积极。

（4）卖家拒绝退货。如果买家以合理的理由发起退换货请求，但是卖家拒绝。在这种情况下，买家是可以开启纠纷的。但是，一般卖家应该都不会这样操作，尽量多和客户沟通就可以了。

2. 买家不可以开启纠纷的情况

（1）买家在下单后，日期还小于卖家的 Handing Time 时是无法开启 A-Z 的。卖家的每个产品都可以设置不同的处理时间，即 Handing Time。如果这个时间是三天，那么客户在三天之内都不可以开启纠纷。当然，亚马逊也设置了规则，避免有人滥用这种权利，当你的处理时间设置为大于 30 天的时候，客户在到达 30 天的时候则无须等待。

（2）客户在规定时间内即将收到包裹的时候。如果这个订单还在亚马逊的规定时效以内，并且快递记录显示客户即将收到这个包裹，这个时候客户如果提出纠纷，是不会被批准的，亚马逊会要求客户等待快递的送达。

（3）如果买家拒收包裹，但却无法提供有效的追踪记录的时候，纠纷是无法开启的。这样做是防止一些恶意买家滥用这条规则。

（4）对于已经退款的订单，客户也一样无法开启纠纷。

3. 客户开启纠纷的充要条件

（1）客户必须已经通过账户中联系卖家的按钮和卖家进行过沟通。

（2）沟通达到了两个工作日，但问题并没有得到解决。

（3）买家的纠纷必须满足亚马逊的索赔条款。

4．A-Z 纠纷对卖家的不利影响

毋庸置疑，纠纷对卖家的影响非常大。而且对于纠纷，亚马逊大多是站在买家的角度思考的。所以卖家要想赢，是非常困难的。特别是一些新手卖家，在订单还不多的情况下若产生一个纠纷，账号会有被审核、冻结，甚至被关闭的风险。所以，一定要谨慎地对待每一位客户。

5．纠纷产生后的处理流程是什么

不管我们有多不情愿看到纠纷，纠纷一旦产生，我们都得积极应对。

当产生客户索赔纠纷以后，亚马逊的要求是在 7 天之内必须做出回复，否则这个纠纷就默认客户胜诉，任何情况下，都将会从你的账户里把钱扣给客户。这样的结果，当然不会是我们所希望的。所以，第一步，必须回复与客户的这个纠纷，当然，先要搞清楚出现纠纷的具体原因是什么。

如果客户回信并写明了产生纠纷的真实原因，就需要做出判断。如果客户给出的理由不符合亚马逊的规定，我们就把这些内容写清楚，把所有资料交由亚马逊来判断。

如果产生纠纷的理由完全符合亚马逊的规定，就需要和客户进行耐心的沟通，看客户是否能在 7 天应诉期内把发起的纠纷关闭，这样才不影响我们的绩效。如果客户发起纠纷之后就彻底不回信了，请尝试多种方式来联系客户。如果联系了 3 天还不回复，我们只能尽可能搜集对我们有利的材料，然后提交给亚马逊进行仲裁。

当然，有一些客户是完全听不进去我们所说的任何话语的。如果遇到这种客户，我们也只能尽量搜集一些对我们有利的证据，以此来请亚马逊仲裁。但这时候，请做好最坏的打算。因为在大多数情况下，亚马逊是会偏向买家的，仲裁的结果很可能是卖家输。

这里需要特别说明的是，在这一步只能够主动去联系买家，千万不能骚扰或者威胁买家，否则如果买家投诉到亚马逊那里，你的账户可能受到威胁。

6．A-Z 的退款分为几种

如果亚马逊判定卖家输，那么这个货款亚马逊会如数退给买家。但是这个钱不一定是我们卖家出，亚马逊会视情况而定。如果这个错误并不是由卖家造成的，比如由于 FBA 发货造成的客户未收到货，这样的损失是由亚马逊赔偿的。

如果亚马逊判定买家输，那么卖家是完全不用赔款的。但是，亚马逊可能会自行赔偿给客户，因为 A-Z 在亚马逊是一个购物保障，亚马逊会基于这个保障给予买家消费信心。

如果亚马逊判定卖家输，并且所有的证据都指向是卖家的责任，那么亚马逊会毫不犹豫地从卖家账户里把钱扣除，然后退还给客户。

7. 其他 A-Z 事宜

每个订单只能开一次 A-Z，所以我们不用担心客户被亚马逊关闭了纠纷以后二次开启。

买家开启纠纷以后，需要退回商品的时候，如果卖家无法提供美国国内的退换货地址，亚马逊是默认判卖家输的。

每个买家可以享受 A-Z 条款的保护是有上限的，单个账户金额不超过 2 500 美元。

9.1.3 Chargebacks，很多卖家压根没搞明白的索赔

在亚马逊上有一种索赔叫作信用卡拒付索赔，英文叫作 Chargebacks，如图 9-1 所示为它显示在你后台的位置。

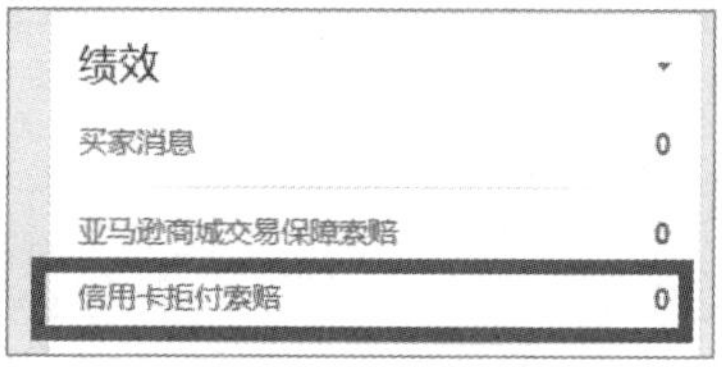

图 9-1 Chargebacks 的位置

很多卖家可能对这种索赔感到非常陌生，特别是一些刚开始接触电商的卖家，完全不理解这个拒付到底是什么概念。接下来，我们就来讨论一下这个依然影响 ODR 的关键值。

1. 拒付索赔是什么

在欧美国家，基于一种非常完善的信用体系，所有银行都会给客户在交易后 180 天内否认账单上任意一笔交易的权利。这种否认，就叫作拒付。银行不会对客户做任何细致的调查，基本上就会帮客户拒付并把钱退还到客户的卡上。但卖家也不用担心，基于欧美国家完善的信用体系，这种拒付并不会被滥用。

2. 什么样的理由可以拒付

（1）被盗卡。如果客户卡片被盗，或者客户未授权的交易发生，那么客户就可以以被盗卡为原因向银行申请拒付盗刷的交易。所以，任何未经客户授权的交易客户都可以否认拒付，哪怕刷的是前男友绑定在该亚马逊账户里的信用卡，他都可以拒付。

（2）未收到货。因为国外和国内线上购物环境完全不同，外国人在网上敢于在任何的购物网站消费，如果这个网站不给客户发货，客户就可以发起拒付要求。

（3）货不对板。这时就能体现出国外银行的优势了，在国内如果你在线上买东西遭遇了买家秀和卖家秀的巨大差距，也许你只能自嘲自己不完美。但是在国外，如果卖家不给客户退款，是可以向银行申请拒付这笔交易的。

（4）买到假货。毋庸置疑，如果买到了假货，并且售假的人拒绝退款，那么买家就可以向银行要求拒付。

（5）重复扣款。如果由于支付网关的原因，在极短的时间内客户被扣了两次款项，客户也是可以拒绝其中任意一笔的。

3. 拒付对卖家账户的影响，卖家遇到拒付该找谁解决

很显然，拒付对卖家账户的影响甚至是大于 A-Z 纠纷的，因为出现纠纷你还可以向亚马逊申诉，还可以让亚马逊判定过错方，而拒付这种情况，亚马逊也属于被动方，所以也无法判定拒付是否合理。所以，一旦产生拒付，责任都会归在卖家身上，还会影响到卖家的 ODR。

那么，一旦账户里出现了拒付情形，卖家应该找谁来解决呢？

记住，如果收到了拒付的要求，那么唯一能够帮卖家撤销的只有客户自己。所以在收到拒付要求之后，唯一的解决途径就是和客户积极沟通，搞清楚客户到底是因为什么原因拒付的。搞清楚原因之后，主动答应给客户退款并让他撤销拒付，这可能是唯一的办法了。因为拒付的客户大多都是不想损失钱，所以先给他们退款，是最有效的途径。

4. 拒付还有哪些不为人知的

其实拒付非常简单直接，不像纠纷那样需要认真思索如何和亚马逊沟通，因为拒付压根没有地方去进行申诉，只能由客户撤销。

关于拒付的次数，美国和欧洲有所不同。美国的银行对于客户的拒付没有规定明

确的限制，而欧洲对于客户的拒付则有一定的管制，超过 5 次拒付的客户是会被影响到信用的，所以欧洲的拒付概率比美国要小。

差评、A-Z 纠纷及拒付这三个值构成了我们 ODR 的三个组成部分，并且每一部分都非常重要，任意一个值超标都会对我们的账户造成毁灭性的打击，它们的影响甚至能达到一个月之久。所以，请重视起来，认真做好自己的产品、做好服务、做好 FBA，你会距离这三个值很远的。

9.2 配送前取消率

亚马逊的配送前取消率也是一个非常重要的值，它是亚马逊严格考核的一个卖家表现数据，对卖家的要求是不能超过 2.5%。也就是说，每 40 单里最多只有一个订单是可以自行取消的，否则账户都会有危险。

9.2.1 如何降低配送前取消率

很多卖家完全不理解为什么亚马逊要考核这么一个绩效，而且还这么严格。其实很简单，亚马逊是在考验卖家的库存在货率。在亚马逊看来，任何一家卖家都不会有订单不发货，除非没有货。

我们已经强调了无数次，亚马逊是一个非常注重用户体验的平台，所以对卖家的要求非常严格，绝对不会允许大量出现买家下单商家却无货可发的情况。如果出现这种情况，亚马逊会认为此卖家不符合亚马逊的卖家要求，从而清理出平台。所以，自发货卖家一定要重视这条规则，实时管理好自己的库存，对于没有库存的货，要做到及时下架。

要想降低配送前取消率，方法有两个，暂时性的方法就是我们前面中提到的严格管理库存以及和供应商及时沟通，务必做到若没有货就及时下架。永久性的解决方案就很简单了，发 FBA，这样可以从根本上杜绝此类问题的出现。

9.2.2 如何把损失降到最低

如果客户真的要取消订单，那么卖家需要引导客户去自行取消。但是有些客户，你引导他去取消时，他不回复，这时候的卖家就处在一个非常尴尬的位置。不取消，不行；取消，又不敢直接点。

遇到这种情况时，如果卖家的最迟发货日期还没到，还有时间和客户去斡旋，不妨多发几封邮件给客户，看看客户能不能回复。如果客户依然不回复或者我们的最迟发货日期马上就到了，就立刻联系客服，把实际情况告诉客服，看看能不能尝试说服客服帮我们取消。

如果客服坚持要你自己取消，那你就要和客服说清楚是客户要求取消的，相当于在亚马逊先备案，然后取消客户的订单。但是请记住，取消原因一定要选择“客户取消”，万万不可以选错，只有是客户取消的，你才可以不担责。万一你选错，是没有办法更改的，这里一定要慎重。

在取消之后要再给客户发一封邮件，告诉他已经成功帮他取消了订单，欢迎他下次再来购物。如果按照这样的步骤取消订单之后，你依然发现这笔订单影响了配送前取消率的绩效，就可以联系客户删除这个影响，在大多数情况下是可以成功删除的。

9.2.3　哪种锅不要你背

当然，不是所有取消订单的锅都是由卖家来背的。有些时候要求取消订单的是客户，但由于一些卖家不懂得操作和亚马逊的规则，导致这个锅自己背了下来。这种情况一定要搞清楚。

有些时候，客户下错了单或者是由于其他原因不想要这个产品，正常情况下客户会在后台选择取消订单，这样我们就不用做任何操作，也不用承担任何责任。但也有客户对亚马逊的后台不熟悉，他们仅仅给卖家发了一封邮件，告诉卖家这个订单要取消。

对于这种情况，卖家的应对方式应该分为如下情况。第一种，如果客户刚下订单就发邮件来取消，卖家可以主动回复客户邮件，引导他自行在后台取消，其中的步骤一定要非常详尽。如果客户知道了并取消成功，那么皆大欢喜。如果客户不回复邮件，没有任何反馈，卖家就需要去查看亚马逊的最迟发货日期是什么时候，如果还有时间等待，不妨多等待客户一天，如果已经非常临近发货日期，不妨果断取消订单。

第二种，如果客户发来邮件的时候已经非常临近亚马逊规定的最后发货时间，卖家就要果断地取消订单。如果亚马逊在卖家的绩效里面算上了这么一笔订单，就可以凭着客户发来的取消订单的邮件去向亚马逊客服申诉，这样取消订单大多都是可以算在买家头上的。

注意：我们在取消订单的时候，原因一定要选“客户取消”，否则这个分亚马逊是不会帮我们加回来的。切记！

9.3 迟发率

很多做自发货的卖家都会对迟发很头疼，因为迟发会影响亚马逊三大重要的绩效指标之一的迟发率。亚马逊希望客户都能准时甚至提前收到所买的产品，如果你的产品一直不能准时发出，对你一定不会是一件好事情。

9.3.1 千万不要误操作

有时候，迟发真的不是卖家本身造成的，甚至有时由于卖家误操作造成了亚马逊的迟发绩效超标。那么，是什么样的误操作呢？

亚马逊规定迟发率不得高于 4%。也就是说，每 100 单里，迟发的货物不得高于 4 单。很多卖家其实都可以在规定时间内完成发货，但是亚马逊的发货绩效指标不止一个，很多卖家只知道一个，而忽略了另外一个。

根据亚马逊的基本要求，卖家需要在规定的时间内进行发货，这个时间的规定方就是卖家自己。卖家在上传产品的时候，需要填写一个 Handing Time 对发货的时间进行定义。需要注意的是，这里的 Time 指的是工作日，所以这里的计算需要加上中间非工作日的时间。比如，卖家填写的 Handing Time 是 2，那么客户如果是周六下的单，那么这个 2 天时间就是跳过周末、从周一开始计算的。

所以，卖家需要在自己设置的发货周期结束前完成发货。这个发货，其实指的是在后台点击确认发货，并不是说运单号一定要生成并且具有可查询的记录。亚马逊对运单号的可查询周期有另外的规定，只要运单号生成就可以确认发货。

亚马逊对于运单号查询的规定是 48 小时之内要在网上有可以查询的记录，也就是说，哪怕还没有发出货，但是发货时间到了，是可以点击确认发货的。但是，点击之后，48 小时之后，运单号必须有线上记录，否则还是会被计为迟发货。

9.3.2　将要迟发或者已经迟发了怎么办

假如发货日期要到了，但货还没有准备好，在这种情况下，如果货还有一两天就可以发出，不妨使用前面提到的一个技巧，先和承运方沟通好，单号都准备妥当，只要货一到，当天就安排扫描。这样就可以先在你的后台确认发货，并填入运单号，这样你的绩效不会出问题。

如果货还有较长时间才能准备好，不妨和客户沟通一下，看看客户的态度。如果客户愿意等待，卖家可以继续筹备发货，毕竟亚马逊也给了我们容错率。但如果客户不同意，就只能引导客户取消订单。如果货发出了，客户又发现发迟了要取消订单，还是会产生一定的损失。

如果由于一些不可控原因，最终你的货还是迟发了，首先，不要着急，亚马逊是有容错率的，不会因为一次迟发就关闭你的账户。当然，在你的订单还比较少的时候，还是需要特别注意的，不要连续犯错。

更关键的还是客户的做法，如果你的货迟发，最应该做的事情是及时安抚客户，让他知道，“虽然货发迟了，但是亚马逊预留的时间较长，您的订单还是会在预计送达日期之前送达的”，并且积极帮助客户关注订单状态，当有关键的动态时及时通知客户。这样的做法，能够最大程度地安抚客户。如果迟发了还对客户不闻不问，非常容易导致出现退货甚至差评。

9.4　有效追踪率及准时到达率

有效追踪率指的是卖家发出的运单号真实、有效的占比。亚马逊对其要求是 95%，也就是说，卖家在亚马逊卖出的订单 95%以上都是需要真实有效的追踪号的。否则，你的账户就会岌岌可危。因为如果达不到这个目标，你的自发货权限将会被移除。

9.4.1　有效追踪率

很多人不明白亚马逊的这一点是在考察卖家什么？其实很简单，亚马逊就是要确保每一个客户都能安全、准时地收到订单，否则这个卖家是不适合在亚马逊进行销售的。并且，我们给卖家寄送的货物必须能够有效追踪。亚马逊是不承认各种小包和挂号的投递信息的。因为亚马逊无法跟踪这种投递信，所以不被官方认可，这一点和 Ebay 或者速卖通有着非常大的区别。

1. 填错单号怎么办

如果由于卖家粗心填错单号，唯一能做的就是把错的单号改正，并且和亚马逊客服说明情况，如果你的包裹没有问题，亚马逊的客服会去帮你更正。

2. 能不能补单号

其实这是一个伪命题，因为你如果忘记填写运单号，是必然要补上的，只要你的运单号的投递时效都是正常的，那就不会是一个负面的问题。当然，如果你的绩效因此而超标，就要去和客服积极沟通，还是有被纠正的可能的。

9.4.2 准时到达率

亚马逊对准时到达率的要求是大于 97%，也就是说，97%以上的包裹都需要做到准时到达，否则和上面的有效追踪率一样，若一直超标，会被取消自发货权限。

并且，如我们在上一节所说，亚马逊仅仅承认平台能够追踪的包裹，所以你的递送方式如果是各种小包或者挂号之类的不被认可的递送方式，最终有效追踪率和准时到达率都会超标。在这种情况下，你的自发货权限很可能会被取消。但也不用过于担心，仅仅因为这个情况被取消账号，我们还是可以合理地申诉回来的。

9.5 退货不满意率及客户服务不满意率

所谓退货不满意率，指的是客户在整个退货过程中对卖家服务的一个反馈打分。亚马逊对退货不满意率的要求是不高于 10%。

9.5.1 什么时候会调查退货不满意率

在订单产生退换货等操作的时候，亚马逊就会关注，并且在退换货完成之后向客户的邮箱发送调查问卷请求，要求客户对整个退换货过程进行打分。整个退换货过程，可分为三个部分。

1. 负面退货反馈率

负面退货反馈率是指收到买家负面反馈的退货请求所占的百分比。说白了，就是指所有要求退货的买家中，有多少买家对这个退货过程不满意。这里，亚马逊就是要考验卖家是否真实有效地解决了买家的退换货要求。要想这一方面不出问题，应当从以下方面着手处理。

- 开启自动批准退货功能。很多客户退货不满意是由于客服没有及时批准退换货申请，造成客户烦躁不安。所以，如果开启自动退换货功能，这种顾虑就消失了。
- 及时检查退货请求。由于自动批准退换货请求会造成一些不必要的浪费，所以如果你不愿意开启，就要做到及时检查退换货请求，千万不可以漏掉。
- 缩减回复时间。如果你和客户针对退换货进行磋商，在和客户磋商的过程中务必做到回复迅速，否则客户会觉得受到了不公正待遇，不仅没有商量余地，而且有可能产生负面反馈。
- 切实解决问题。在和客户沟通的过程中，每一封邮件都应该切实解决客户的问题，而不是进行推诿。
- 快速提供标签。现在亚马逊要求必须提供标签给买家来进行退货，如果你需要退货，请务必根据情况给客户提供必要的标签，而不是给客户一个地址让客户自行寄送货物。

2．延迟回复

亚马逊会针对这一点评判卖家是否及时地处理了客户的诉求。亚马逊对此提出的要求是 48 小时，也就是说，卖家必须在 48 小时之内对买家的诉求进行响应，否则这个指标就会超标。

3．无效拒绝

这里的无效拒绝指的是卖家无理或者错误地拒绝了买家的合理诉求。如果买家的退换货要求符合亚马逊的政策，那么卖家应该向买家提供退款、退货或者是解决出现的问题等措施。如果没有能够合理地解决这些问题，就会被视为不恰当的拒绝。

这里要强调一点，当客户提出退换货要求的时候，如果经过磋商，客户同意部分退款，请务必按照以下操作来进行，否则会被误判为无理的拒绝。

例如，一个客户提交了退换货申请，经过沟通，客户同意接受卖家打六折的方案。那么卖家退款和处理退换货的申请应该是怎样的呢？首先，就是处理这个请求（一定不要弄颠倒，先处理退换货请求、关闭这个退换货请求，或者接受这个退换货请求，在这里都是适用的）。

处理完退换货请求之后，再去退款给客户，这样就不会被算成错误的拒绝。否则，你就可能会莫名其妙地“错误”地拒绝了客户。

9.5.2 该如何给客户一个满意的退货过程

卖家的退换货过程，通常有三个步骤可以走。

第一步，联系买家。这是大多数卖家的第一选择，在这一步请务必保持用客户已经要确认退货的心态去和买家沟通，谨慎，谨慎，再谨慎。否则，如果因为卖家不适合的沟通而产生差评，就太不应该了。

第二步，退货、退款。不管是哪一个选项，都不要对客户有怨气，否则客户极易投诉。

第三步，关闭请求。一定要在客户同意的情况下再去关闭请求，千万不要置气，异常地关闭请求，否则不仅会导致退货不满意率的升高，还有可能让客户开出 A-Z 纠纷。

所以，这个退货不满意率所涉及的东西还是很多的，卖家千万要注意各个细节。

亚马逊对客户服务不满意率的要求是不大于 25%。调查方式是在客户每次完成客服行为之后会收到一份邮件问卷，问此次客服服务过程是否解决了问题，客户可以点击 YES 或 NO 来提交问卷。

9.6 邮件回复时间

亚马逊要求客户的邮件回复时间在 24 小时之内，并且要求有 90%的指标。所以，卖家要及时回复客户的邮件。

但如果你的邮件超过了 24 小时没有回复，也不用担心，这里有一个小技巧，我们可以先点击邮件下方的不需要回复，然后提交。随后，再去找到这个订单，给客户发邮件接着沟通，这样邮件回复绩效就不会超标了。不过，这只是一个应急的小技巧，切记，不要把它当作长期的手段，毕竟客户等急了是可以直接给差评或者开出 A-Z 纠纷的，那就得不偿失了。

第 10 章

如何避免账户关联

做亚马逊的卖家，总想着有多账户操作，但又总担心被关联，甚至还有一些卖家由于不了解亚马逊的关联机制，明明只有一个卖家账户，却担心被关联。这些情况，都是由于卖家对亚马逊的关联机制不熟悉所造成的。本章将带大家详细了解这些关联机制。

10.1 解析多种账户关联方式

关于账户关联，很多卖家对其都是谈虎色变，甚至有些不明白规则的卖家根本搞不清什么是关联，明明自己只有一个账户，却每天都担心和一些莫须有的要素关联，这就纯属杞人忧天了。所谓账户关联，指的是在亚马逊的要求下，每个卖家主体只允许拥有一套账户来进行亚马逊的运作。这个主体，指的就是卖家这个人。也就是说，卖家不管通过什么方式，理论上是只被允许在亚马逊有一套账户的。

10.1.1 究竟什么是账户关联

很多人不满足于开一个账户，想通过多开账户的方式来快速赚钱，所以亚马逊就开始针对这些人制定打击关联的政策。

但有一个问题：同一套资料开不同的站点算不算关联？答案是肯定的。因为根据关联的定义，一个主体只开一个站点，否则就是多开，所以会关联。只不过这种关联是亚马逊允许的关联，卖家的一套资料开通多个国家的亚马逊是被允许的。一旦你在某一个国家的账户因为某方面的原因被亚马逊关闭，其他国家的账户也会在一定时间内被关闭，但这个时间却没有定数。

所以我们总结一下，所谓账户关联，就是指一个人在同一个国家通过一些手段开设多个亚马逊账户的行为。但是一个主体在多个国家同时开设账户是没有问题的。另外，如果你只有一个账户，既在公司登录又在家登录，只要你做好安全防备，就是没问题的，和账户关联这个词一点关系都没有。

10.1.2 软件关联

所谓软件关联，指的就是卖家电脑里的各类软件引发的关联。具体要素包括以下几个。

1．浏览器

浏览器是所有关联的第一大元凶，卖家登录后台大多都是通过各种浏览器来实现的，那些被关联的要素也都是浏览器报的信。那么，卖家浏览器会告诉亚马逊哪些信息继而“出卖”卖家呢？

2．浏览器相关

这里包含浏览器的名称、版本号，浏览器的插件，浏览器曾经浏览过的页面，这些方面的因素都会被亚马逊拿来加以判断。

3．电脑系统相关

卖家电脑的系统版本号、分辨率、时区等，这些都是可以通过卖家浏览器告诉亚马逊的。

4．IP

IP 是大家最常听说的一个关联要素了。我们不要在同一个 IP 下操作两个账户。但这个关联要素也是被黑化最为严重的一个要素，后面会做详细讲解。

5．邮件里的链接

不可交叉点链接，你可以在同一个电脑上登录两个邮箱，但不在本机电脑上操作的邮箱里发来的链接不要去点击打开。

10.1.3　硬件关联、操作关联及其他关联

所谓硬件关联，指的是卖家各种电脑硬件相同从而引发的关联，具体关联要素为电脑网卡。不管你是通过有线方式还是无线方式联网，一旦这个网卡连接过网络并在亚马逊后台登录过，这个网卡就不可以用于新账户的操作。是的，你没有看错，仅此一条。

所谓操作关联，指的是亚马逊的运营人员在操作过程中由于不小心或者不知道也最终导致了关联，我们把因素罗列如下。

- 使用了同样的邮件模板来回复不同账户的不同客户。亚马逊对卖家给客户发送的邮件都会进行监控，世界上也不会有两个人写出一模一样的邮件。所以，这种行为可以算一种高危行为，能够轻易被亚马逊识别。
- 登录邮箱。我们不能用同一个公司后缀名的不同邮箱去申请账户，当然，QQ、新浪、Gmail 之类的公用邮箱不在此列。
- 收款卡。不可以用同一个人的同一张收款卡去收两个账户的款，否则会被关联。
- 付款卡。付款卡与收款卡同理，但需要额外注意的是，我们用不同卡号、同一个人的信用卡可以注册不同的账户，但这两张卡的账单地址请保证不同。
- 密码。不同账户不要设置同样的密码，虽然密码不是明文保存的，但亚马逊经过算法加密之后，相同密码的结果还是会相同的。
- 海外仓。这里的海外仓指的是那些不正规的海外仓，卖家大多用的是一些私人仓库而不是正规的仓库地址，容易被亚马逊怀疑。
- 网站。亚马逊可以查出卖家网站的 Whois 信息，备案品牌所用的网站 Whois 信息请保持一致。

10.2　账户关联有哪些以讹传讹的误区

因为账户关联和亚马逊的排名一样，所有的操作亚马逊都是不对外公布规则的，所以就会因此产生很多听起来非常奇怪的说法，然后经过多人传播，使得这些莫名其

妙的东西听起来就像真的一样。以下是笔者梳理的一些流传最广的以讹传讹的信息。

- IP 一样就会被关联。这种说法并不全面，IP 一样会被关联，指的是我们同时在一个相同的 IP 下操作两个账户，这样会引发关联。而不是说隔壁老王的 IP 今天被你上网的时候使用了会引发你们俩的关联。所以，不必过分担心 IP 关联，因为很少有单单因为 IP 一样而判断为关联的，一是大家都不会这么不小心，二是亚马逊也不是那么不智能。
- 操作两个账户的电脑登录同一个 QQ 或旺旺会被关联。笔者自己的 QQ 和旺旺已经经历了十几个账户，从来没被关联过。同时，亚马逊通过浏览器抓取到的信息也不会包含 QQ 号。亚马逊不会越雷池。
- 同一个客服（或者同样的打字速度）会被关联。这种说法是荒诞不经的，没必要相信和采纳。
- 使用同一个优盘（移动硬盘）插在同一个电脑上会关联。同理，这也是谣言。亚马逊如果读取这方面的信息，会属于网络警察打击的对象。
- 如果一个账户“死”了，一定要重新换电脑、重新换路由器才可以操作新账户。这里不多做解释，接下来的章节笔者会教大家如何来化解账户“死”了之后如何操作新账户的问题。
- 不能同时在一台电脑上登录不同账户的邮箱，否则会关联。应该说这种说法不详尽，我们只要不在 A 电脑打开该在 B 电脑才能打开的其对应账户邮箱里的链接即可。
- 在公司登录的账户不能带回家登录，否则就会被关联。家里要是没有账户，你和谁关联？有没有账户卖家心里有数。

谣言还有很多，其实我们只需要掌握核心思路，就能很容易地识别出到底哪些是真哪些是假，关联谣言的传播大多都是源于对账户操作的不自信和不清楚导致的，所以只要仔细想清楚，这些谣言也就不攻自破了。

10.3 该如何避免账户关联

避免账户关联，是每个多账户操作人员都关心的话题。所以，接下来和大家说清楚到底该从哪些方面避免账户关联。

10.3.1　避免软件关联

卖家操作多个账户必然会用到多台硬件，但是软件也很重要。卖家在选择软件的时候，每台硬件直接做出区分就可以最大程度地避免被关联了。

笔者就见到过这样一个被关联的案例。同一家公司的不同账户某一天突然被亚马逊通知关联了，找笔者来解决。当然，先要抽丝剥茧地把产生关联的原因找出来以避免二次关联。经过询问，笔者整理了如下信息：两个账户注册公司资料不一样、办公地点不在同一层楼、宽带互相独立、产品完全不同、不同账户的法人也完全不同、电脑硬件也是独立的。

这两个账户看起来就是完完全全独立运营的，但是竟然被关联了，很是匪夷所思。很多人遇到这样的情况很可能都会觉得这是亚马逊的误判，但随着谈话的深入，答案的真相也随之浮出水面。

这家公司的电脑都是由总公司统一装配的，包括电脑的操作系统都是由配送方统一进行安装调试的。所以，这栋大楼里的电脑配置、系统设置及浏览器和插件竟然都是一模一样的。说到这里大家就明白了，原来这就是导致这两个账户被关联的元凶。

所以，要想解决这样的关联，不仅要保证自己有独立的电脑硬件、独立的网络，还要保证这个软件环境是独立的。如果你操作的电脑和另外一个账户的电脑软件环境是一模一样的，就很容易引发关联。

所以，卖家应该尽量使用不同的浏览器、不同的浏览器插件、不同的系统版本来操作亚马逊，尽量避免关联嫌疑。

10.3.2　避免硬件关联

电脑硬件自然也是关联的要素，所以我们要避免使用同一个电脑硬件来登录不同的账户，而路由器则无须考虑在内。

这里说明一下，有一台登录过亚马逊账户的旧电脑，该如何做出更改使其可以登录新账户呢？

首先，需要给这台电脑重新安装系统，这个系统需要区别于之前安装的系统。比如你原来使用 Windows 7，这里就可以换成 Windows 10 或者其他系统。当然，如果你的电脑实在无法更换别的系统，更换版本也可以，比如由旗舰版换成专业版。

其次，需要更换重新安装完系统的网卡 MAC 地址。记住，无论你平常使用无线网卡还是有线网卡，都务必把两个地址都更改掉。具体更改的方式各大搜索引擎都有非常多的方案，笔者推荐的是手工方式。

记录下当前网卡的 MAC 地址，记录方法下面会提到。右击我的电脑，点击设备管理器，选择网络适配器，右击网卡名称，选择属性，点击高级，选择网络地址，在值这一栏输入一个 12 位的字母和数字的组合即可。如果觉得麻烦，卖家也可以自行下载 MAC 地址修改器，可以非常方便地进行修改。

更重要的是，修改完之后务必检查有没有修改成功，如果没有修改成功，就是做无用功了。检查的方法如下：按住 Windows 徽标键+R，在对话框中输入 CMD，然后回车，在弹出的对话框中输入 ipconfig /all（注意/all 之前有空格）。如图 10-1 所示，找到对应修改的网卡名称之后，查看物理地址。注意，这一步在修改之前和修改之后都要做，否则无法判断是否一致。

图 10-1　网卡名称和对应 MAC 地址

完成上面的步骤之后，就可以用这台电脑操作一个新的账户了。不过这里还有一个小的注意事项，如果之前电脑的浏览器装在系统盘（一般是 C 盘）之外的盘符，新装系统之后，把新的浏览器安装在新的系统盘盘符下就可以了。换句话说，我们要杜绝遇到之前使用过的 Cookies。

10.3.3　避免其他关联要素

其他要素的关联就在于细节操作方面了，包括后台操作人员的一些操作习惯、和客户沟通使用的手机号，以及一些必要的规章制度。

总结一下，其实避免关联最简单直接的方法就是使用不同的操作系统的电脑在不同的网络下操作不同的产品。当然，还有一些需要特别注意的、能够最大程度地避免账户关联的因素，比如邮箱、电脑、系统、浏览器、宽带、手机号、信用卡、收款账号和产品等。

第 11 章

产品定价要素、站内营销及购物车解析

定价、购物车和营销这三个方面缺一不可，每一个方面都需要独立思考。接下来把思路整理一下。

11.1 亚马逊产品该如何定价

在解决这个问题之前，我们首先要明白，在亚马逊有哪些因素会影响定价，也就是我们的产品定价应该从哪些方面来考虑。

11.1.1 哪些方面会影响定价

亚马逊上产品的定价受多个方面的影响，这里把所有的因素都罗列出来供大家参考。

1．亚马逊佣金

毋庸置疑，在亚马逊平台上，每个类目 8%～15%的佣金是卖家无法避开的（见表 11-1）。所以，在定价的时候，第一时间就要把亚马逊的佣金考虑进去，这是最稳定的一项支出，一旦类目选定了就不会发生改变。

表 11-1　亚马逊佣金收取标准

分　类	亚马逊将扣除适用的销售佣金百分比或适用的最低按件销售佣金（取二者中的较高者）	
	销售佣金百分比	适用的最低销售佣金（除非另有规定，否则以单件商品为计算基础）
亚马逊设备配件	45%	1.00 美元
母婴（婴儿服饰除外）	15%	1.00 美元
图书[4]	15%	—
摄像摄影[1]	8%	1.00 美元
手机设备*	8%	1.00 美元
电视/音响	8%	1.00 美元
DVD[4]	15%	—
电视/音响配件	总售价中 100 美元以内的部分扣 15%	1.00 美元
	总售价中高于 100 美元的任何部分扣 8%	
家具和装饰	15%	1.00 美元
家居与园艺（包括宠物用品）	15%	1.00 美元
厨具	15%	1.00 美元
大型家电	总售价中 300 美元以内的部分扣 15%	1.00 美元
	总售价中高于 300 美元的任何部分扣 8%	
音乐[4]	15%	—
乐器	15%	1.00 美元
办公用品	15%	1.00 美元
户外	15%	1.00 美元
个人电脑	6%	1.00 美元
软件和电脑/视频游戏[4]	15%	—
运动（体育收藏品除外）	15%	1.00 美元
工具和家居装修	15%，但基础设备电动工具为 12%	1.00 美元
玩具[2]	15%	1.00 美元
解锁手机	8%	1.00 美元
影视[4]	15%	—

续表

分　类	亚马逊将扣除适用的销售佣金百分比或适用的最低按件销售佣金（取二者中的较高者）	
	销售佣金百分比	适用的最低销售佣金（除非另有规定，否则以单件商品为计算基础）
视频游戏机[4]	8%	—
所有其他分类[3]	15%	—
需要批准的分类	销售佣金百分比	适用的最低销售佣金
3D 打印商品	12%	—
汽车和机动车	12%，但是轮胎和车轮商品为 10%	1.00 美元
美妆	15%	1.00 美元
服装和配饰	15%	1.00 美元
收藏类图书	15%	—
礼品卡	20%	—
食品	15%	—
个护健康（包括个护用品）	15%	1.00 美元
工业和科学（含食品服务和清洁与卫生）	12%	1.00 美元
珠宝首饰	20%	2.00 美元
箱包和旅行用品	15%	1.00 美元
鞋靴、手提包和太阳镜	15%	1.00 美元
钟表	总售价中 1 500 美元以内的部分，收取 16%	2.00 美元
	总售价中超出 1 500 美元的部分，收取 3%	

2．产品的成本

这项成本分为两个方向，即经销商方向和工厂方向。对于经销商来说，产品的成本=采购成本+国内物流费用。这样的计算非常简单明了。对于工厂来说，成本的计算方式则比较复杂，产品的成本=原料采购成本+人员成本+研发费用+模具费用+各类运输成本+产品升级换代研发成本+制造成本+工厂利润。

产品的成本所涉及的内容可能比上面列出来的内容要多很多，所以不管作为经销商还是生产厂家，产品本身的成本都是需要认真考虑的一项内容。

（1）跨境运费。不管是自发货卖家还是 FBA 卖家，都需要进行发货。所以，这一段的运费是需要进行计算并包含在卖家成本里的。

（2）营销推广费。在亚马逊经营，必然会涉及一些营销推广的方案，所以就必然会涉及资金，否则就是空谈。那在前期定价的时候，就必须把营销推广的费用提前计算在产品售价里，否则在做广告的时候，预算就无从谈起了。

（3）预期利润。这一点是毋庸置疑的，卖东西最期待的无非就是利润，所以预期利润必须提前计算好，否则我们就是为供应商、物流商、亚马逊打工了，那显然并不是我们想要的结果。

（4）市场供需。一个产品，其售价必然受到市场供需情况的影响，供大于求时需要降价，供小于求时就可以适当提高价格。所以，卖家在上线新产品的时候，必须了解清楚此产品在市场上的供需情况，一旦疏忽，导致出现定价偏离市场的情况，客户是不会买账的。

（5）竞争对手价格。在亚马逊上卖东西，大家的产品都是在一起销售的，所以卖家要搞清楚，同等级的东西，竞争对手卖的价格是多少。我们不能盲目加价，当然也不能妄自菲薄，不顾对手定价情况盲目定价的行为是不可取的。但是，也不要盲目抄袭竞争对手的价格，在考量自己的利润之后，对手的价格仅仅是一个参考值而已。

（6）品牌定位。一个产品的品牌定位很重要，同样的包贴上不同的商标，身价就会大不相同，所以一个产品的品牌定位决定了产品销售价。但是，这个品牌定位同时决定的还有产品的服务和对应的品质。如果只是一个地摊货，配上一个普普通通的包装，是无论如何卖不出专柜货的价格的。

所以，卖家对品牌定位也不能盲目，定位什么样的品牌，就要给客户提供什么样的包装、产品、服务。否则，如果客户花了比别的产品多的钱，却买不到相对应的产品和服务，客户必然会找你的麻烦。所以在定价前，务必明确自己的品牌定位，因为其他的定价因素都是固定的，只有品牌定位才是真正能够脱颖而出的一个关键点，甚至会成为利润的永恒支撑点。

（7）FBA 费用。如果做 FBA，这一项费用是不可缺少的。亚马逊后台有关于 FBA 费用的计算器，卖家可以轻松计算出亚马逊会收多少钱，从而在计算产品售价的时候把它计算进去。

（8）客服成本。这里指的不是你给客服的工资，而是发生退换货时所产生的费用。这里的具体金额或者数量没有办法通过一个固定的值来设定，但要预留好，并且要根据实际情况实时做出调整。

（9）运营成本。就是指卖家自己的运营所需要的成本，也是要算到产品售价里去的。

以上列出的就是卖家在亚马逊上定价时需要考虑的绝大部分要素。为什么说是绝大部分？因为有些公司在定价过程中还会考虑其他不可预知的成本，比如资金的周转、货物的清仓等，这些非常规要素我们没有收录在列，如果要用到，则可以自行加上。

11.1.2　消费者喜欢什么价格的产品

很多卖家定价，就是一味地想做到类目的最低价，想去抢流量。但是在亚马逊上，却完全不是那么回事。

客户在亚马逊买东西，大多是基于对亚马逊的信任，所以在买东西的时候，需要的是一些质量稳定的产品。也就是说，客户不一定会单纯地选择一些低价产品，而且对于珠宝、手表、化妆品等类目，客户反而因为担心质量而不敢下单买那些非常低价的产品，一些价格适中、看起来有保障的产品更受客户的青睐。

试想一下，一个刚上架的产品，价格很低，在新店铺上架，很多客户其实也是不敢下单的。相反，那些上架一段时间的产品，评论数量多、评分好、口碑好，更能得到客户的青睐，因为这些因素都意味着这个产品经过了客户的考验，客户哪怕多花一些钱也觉得放心。

所以，在亚马逊上定价，绝不能一味地定低价，这样对卖家的产品利润、后期的品牌打造都是不利的。

11.1.3　应该如何看待低价

当然，我们也不是完全否认低价，低价意味着客户可以享受到更高的性价比，这也是亚马逊一直以来追求的东西。毕竟作为客户，价格是始终不可避免的重要购买因素。

例如，在一些箱包类产品中，客户追求的可能不仅仅是品质、口碑、评分，也会考虑自己的承受能力。当某个产品的价格超过自己的承受能力的时候，客户也会去看看别的店铺的相似甚至相同产品的价格。当找到同样的产品、价格还比较低的时候，必然会到低价的店铺下单。如果我们定价不合理，就会错过这笔订单。

所以，低价不能不设置，也不能随便设置。卖家要明白，到底在什么时候可以设置低价。

- 追求短期利润时。这种类型的卖家，一般只追求短期买卖，不打算长久地经营店铺。所以可能会把价格设置得非常低，甚至低于市场价。
- 产品刚上市、做活动引流时。如果在产品刚上市的时候做活动来引流，则需要以低价来提高产品的转化率，从而提高产品的销售业绩。
- 有非常好的营销资源时。如果某个卖家有非常好的营销资源，能够把营销成本摊得很薄，并且能在短期内吸引大量的流量进行购买，在这种情况下也是可以做低价的。毕竟，薄利多销也是可行的。
- 产品成本、货物进价很低，并且有良好的产品质量时。这样的卖家可以在货源方面和客服方面节约出成本，所以也可以把价格定得低于市场价。

11.2 产品不同阶段的定价原则

一个产品，必然会经历上架期、上升期、稳定期和下降期等阶段。在每一个阶段，产品的定价策略都应该是不同的。所以，一个优秀的卖家应该能够根据一个产品的不同阶段采取不同的定价策略。

11.2.1 产品在市场测试期该如何定价

一个产品上架之后，卖家必然会对这个产品进行市场测试，从而进行下一步的推广。那么在新品测试期或者初上架期间，卖家的定价策略应该是怎样的呢？

很显然，新产品刚上架，没有分数、没有评价，更不要说有回头客了。所以，一开始定价的时候，价格一定不能太高，否则肯定会吃亏。

一开始定价不妨低一些，来拉拢一批价格敏感型的客户。但是，卖家也不要因此把价格定得自己完全没有利润，那样就算出单了也没有什么意义，甚至有的客户看到这么低的价格时会怀疑你售卖的产品有问题，就算购买了也是怀着挑刺的心态，产品出现一点问题都会被无限放大。

综上所述，在产品刚上架期间，产品定价可以稍低于市场的同类同级产品的价格，幅度在 10%～15%即可。这样一个区间比较适合新品，也能够保障卖家有一定的利润。

例如一双手套，卖家经过计算并参考同等级卖家的定价后，准备定价 10 美元。那么在这双手套的售卖初期，卖家的定价就应该是 9 美元，这样就可以保证产品在上架初期有一定的价格优势。

11.2.2　销量渐涨的时候该如何定价

当我们的产品在销量、口碑、评分、排名上取得一定的突破时，销量就会开始逐渐增长。这时我们的定价策略就要区别于之前刚上架时。

在这个阶段，可以适当地分批次将价格提到只比市场价低 5%左右。记住，提价最好分 3～5 次完成，并且在提价过程中时刻关注销量、流量、转化率三者的同比变化。如果发现突然出现大幅度的下滑，则需要及时恢复上一次价格，待稍微稳定之后再进行调价，并且幅度要比上一次小。

最终我们会发现，当稍微涨价之后，其实销量的增长趋势并不会因为价格的增长而减缓。因为在亚马逊，客户的层次很多，每个客户对每类产品的心理预期是不一样的。

还以手套为例，经过一段时间的销售，销量开始稳步上扬了。这时候就可以分 3 次提价，第一次提价到 9.2 美元，第二次提价到 9.3 美元，第三次提价到 9.5 美元。这样一来，每次的提价幅度都会比较小，可以最大程度地避免因提价造成的购物车丢失。

11.2.3　销售稳定期该如何定价

随着销售的增加，销量会逐渐增长，这时候销售进入了稳定期，评分、评论、流量都稳定了，也积累了一定的权重。这个时候就可以把我们的定价调至和市场价格差不多甚至稍微高出一些的水平，这样就可以提高利润。

经过两次涨价，你一定会发现，只要东西在销售，就一定不会因为售价稍高而没人买。所以，卖家不用担心产品在亚马逊上的售价比别人稍高就卖不出去。

还以手套为例，产品进入稳定期之后，销量比较好了，产品权重也高了一些。这时候就可以把价格分两次分别提价到 9.9 美元和 10.99 美元。这样，我们的利润率变高了，产品销量也不会受到什么冲击。

11.2.4 过气产品该如何定价

一个产品的生命周期总会有限，特别是一些更新换代比较快的产品和一些女性时尚产品。如果产品进入衰退期，必然需要对产品售价进行调整，以免出现卖不出去积压库存的情况。这时候，如果库存量不是很多，就可以把这些货做小幅降价处理；如果库存多，考虑资金的周转和仓储费，卖家就需要多降一些价格，薄利多销地把这批货卖出去。

在这个阶段，产品已经累积了不少好评、评分，加上降价，一般来说被卖出去的可能性就会比较大。

还是以手套为例，经过一段时间的销售，其销售量无法突破，对手不断涌现，同时销量开始下滑。这时候要果断清仓，用“买二送一”或者其他一些促销方式进行促销，尽量不要使用直接打折的方式进行促销，不要降低购物车的价格，以免参加 Deal 促销的时候因为购物车价格低而吃亏。

11.3 定价的一些小技巧

为了能够吸引客户的注意，卖家在定价时不可避免会用到一些小的技巧，不仅可以吸引客户的目光，还可以提高产品转化率。接下来就介绍在定价时常用的一些小技巧。

1. 宁可少赚，也不进位

我们在各大电商平台购物的时候，能发现商家习惯把价格定在“9”的位置，比如 79.99 元、89.99 元、99.99 元等。肯定有人会想，卖 100 元不是更方便吗，为什么是 99.99 元呢？

这其实涉及消费心理学，客户购买 99.99 元的产品时会觉得这个东西不到 100 元，如果定价 100 元，客户就不会有这种感觉，心里就会觉得这个东西可能是 100 元左右。“不到 100 元”和“100 元左右”对客户的心理影响区别很大。在同等情况下，客户肯定会去选择购买不到 100 元心理价位的产品。因为有些客户的心理价位就是 90 元左右，那么 99.99 元，就更符合他的心理预期，而只多出 0.01 元的 100 元就会让他觉得超出了心理预期。

所以卖家在定价的时候，不仅要考虑我们之前说到的各种定价要素，也要顾及买家的心理感受。

2．差异化定价

在定价时，可以参考市面上功能类似的产品，和它们进行差异化定价，也就是让客户觉得我们的东西功能都有价格却便宜。这样的定价方式可以吸引一批客户的点击，当然，定低价的产品从功能上来说可能会比一些高价产品少一些可有可无的小功能，却不影响使用效果。同时，可以在变体里面放置同样功能的产品以供客户挑选。

当然，这是在和别人比较，也可以通过自我比价的方式来促使客户下单。在制作变体时可以同时放置多个等级的产品，设置高、中、低若干档价格。当客户进行比较的时候，那些低价产品自然就更具性价比。当然，也要清楚地在你的高价产品里写出为什么价值高，否则岂不是永远只能卖低价产品了？

11.4　亚马逊的基础定价公式

前面说了那么多关于定价的事情，下面总结一下定价到底应该涉及哪些内容，以公式化的形式，帮助大家把价格定在一个合理的范围内。

为了方便，笔者将 FBA 卖家和 FBM 卖家定价区分开来进行公式化。

1．FBM 卖家定价公式

FBM 卖家产品售价=产品成本+跨境运费+平台佣金+期望利润+推广营销+其他。需要说明的是，这里的产品成本包括了产品的所有成本，也就是包含了生产或采购加国内运费、包装等的一切费用。

跨境运费需要根据走的渠道不同而产生不同的价格，这一点可以提前向你的物流提供商咨询；平台佣金请根据前面提供的不同类目的百分比进行对号入座；期望利润就是我们对此产品希望得到的利润值；推广营销就是我们准备为此产品拿出的推广经费；其他就是我们需要承担的人工、税务、运营等杂项成本。

2．FBA 卖家定价公式

FBA 卖家产品售价=产品成本+平台佣金+FBA 头程费用+FBA 费用+仓储费+期望利润+推广营销+客服成本+其他。需要注意的是，在 FBA 定价里，有几项内容和 FBM 不一样。首先，FBA 头程费用是指一批货从国内发到亚马逊仓库产生的运费。其次，FBA 费用包含了 FBA 邮费和分拣费用。因为每年甚至每个季度亚马逊的仓储费都会发生变化，所以这里请大家根据亚马逊公布的仓储费自行估算，特别是到旺季的时候，一般仓储费都会大幅上升，卖家更应该特别注意。关于客服成本，由于 FBA 的退换货率很高并且卖家无法控制，所以卖家一定要根据实际情况给客服留出一定的成本。注意：这里的“客服”不是一个名词，而是指“进行客户服务”这样一个动作。

以上是不同渠道的产品的基本定价公式，根据基本公式完成定价之后，再根据前面提到的定价方法，结合自己的经营策略进行调整，并注意适时关注调整的效果，不要把调整当作目的，我们的最终目的还是形成销售，这才是关键点。

11.5　如何创建站内促销

众所周知，亚马逊站内有多种促销形式，如图 11-1 所示。从图中可以看出，这几种促销形式各不相同，所以卖家还需要了解每种促销形式的用法，并把它运用到产品的营销中去，最终促进产品的销售。

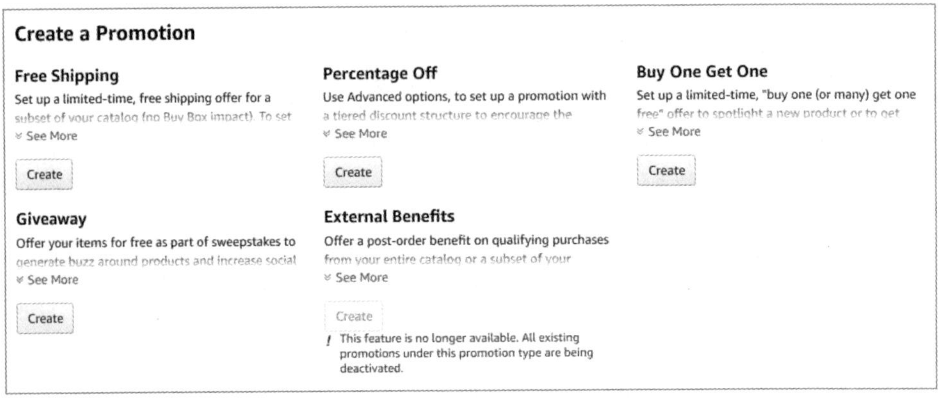

图 11-1　亚马逊的各种促销活动

11.5.1　免运费促销

首先，要了解一下如何进入创建促销页面。其实很简单，在广告（ADVERTISING）这个下拉列表里有一个“Promotions”选项，如图 11-2 所示，单击这个选项即可进入促销类型选择页面。

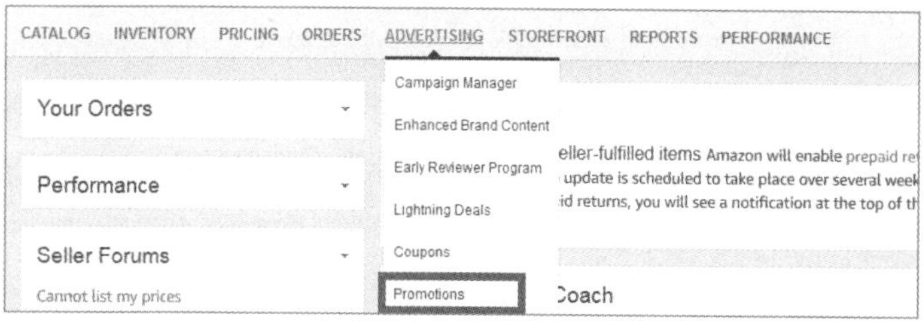

图 11-2　促销类型选择页入口

注意：因为亚马逊后台的中文翻译有时候会导致卖家在使用功能的时候产生误会，并且因为本节内容的重要性，为了避免大家发生设置错折扣码一夜回到解放前的情况，本节内容的后台一律使用英文版本。

免运费促销可能是大家使用频率最低的一个促销折扣类型了，因为 FBA 卖家大多用不着这种促销类型，而自发货卖家大多都设置包邮。但笔者还是要教大家使用，以备不时之需。

首先单击图 11-1 中所示“Free Shipping”下面的“Create”按钮，来到一个设置页面，如图 11-3 所示，这个页面就是设置包邮促销页面。

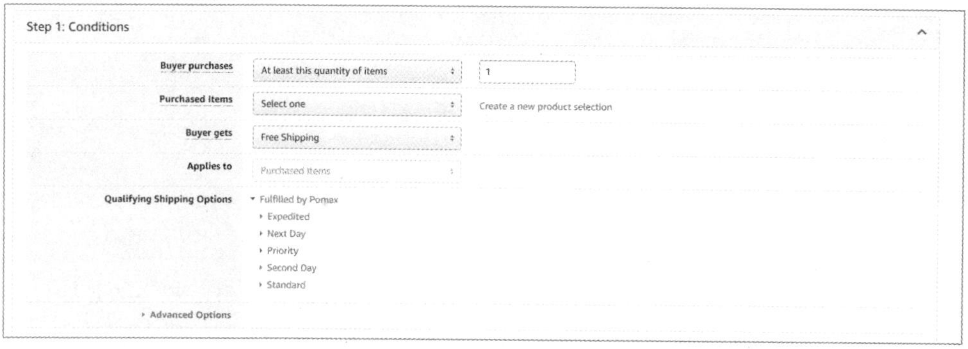

图 11-3　设置包邮促销的第一步

首先要明白，我们在设置亚马逊的任何促销时，填写条件的优先级都是从上到下，因为上级的设置会对下级的设置产生影响。

先看第一个选项，“Buyer purchases”这个选项里面有两个可供选择的内容，一个是 at least this quantity of items，另一个是 at least amount（in$），这里每个国家的货币符号会不一样，但使用方法是一样的。前者指的是买多少个产品可以达到促销门槛，后者指的是买多少金额可以达到促销门槛。在这里选完自己想要的门槛之后，接着进行下一步操作。

- Purchased items：需要在这里选择产品作为 Free Shipping Promotions 的应用对象。选择产品的时候可以选择下拉出来的 Entire catalog，或者选择旁边的超链接去选择自己需要应用这个促销的产品种类。可以根据 ASIN、类目、品牌等选项进行创建。
- Buyer gets：买家能够获得的优惠，这个促销默认的是 Free Shipping。
- Applies to：我们有哪些产品可以 Free Shipping，默认是买家购买的商品，并且这个促销这里是不可更改的。
- Qualifying Shipping Options：卖家可以选择免邮的运货方式，这里都是自发货的运输方式，请卖家自行选择想要给买家进行包邮的促销方式。
- Advanced Options：每个 Promotion 都会出现 Advanced Options（高级选项），当选择高级选项后就会出现列出的第六个选项。
- Advanced Options- Exclude Items：在做任意一种促销的时候，我们都可以在排除选项里进行选择，在这里排除掉我们不参加 Promotion 的商品，需要根据自己的利润进行计算。

完成第一步的设置后，就来到第二步设置，如图 11-4 所示。

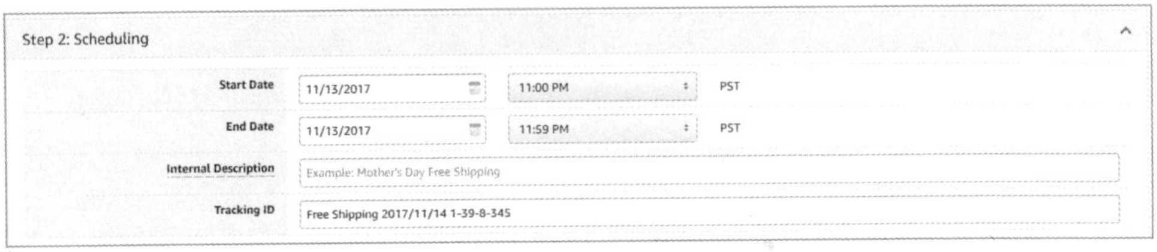

图 11-4 促销第二步设置

第二步设置的是这个促销的开始日期和结束日期，在此输入自己想要的开始日期和结束日期，然后输入我们的跟踪代码以便于观察即可。建议大家设置一眼就能看懂的跟踪代码以方便后面的跟踪统计，不要使用默认的跟踪代码，否则会让后期的统计很混乱。

- Start Date：促销的开始时间。
- End Date：促销的结束时间。
- Internal Description：促销的识别代码，是卖家用来区分不同促销活动的一个代码。
- Tracking ID：追踪编码。这个代码是供内部使用的，客户看不到，这是卖家区分促销的最好方式。

第三步需要限制这个代码的使用类型，如图 11-5 所示。这里需要谨慎设置，特别是后面的满减以及买一送一的折扣尤其需要认真设置。如果设置错误，可能导致你的订单不但一分钱都收不到，还得给客户发货，甚至还得倒贴佣金给亚马逊。

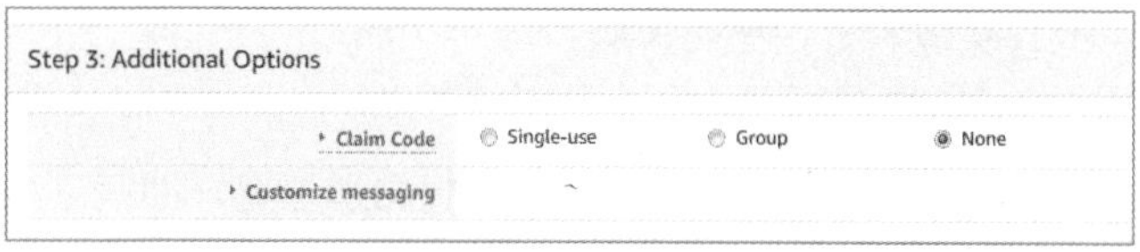

图 11-5　优惠码设置第三步

这里卖家需要选择折扣码的类型，第一种叫作 Single-use，第二种叫作 Group，第三种叫作 None。其中，第一种通常是在我们单独把某个优惠码发给某个人或者某几个人的时候使用的，第二种是给所有客户都用的时候勾选的，第三种指的是不使用优惠码直接就可以打折。所以，卖家可以根据自己的具体需求选择合适的折扣码类型。

选择完折扣码类型之后，接下来继续设置折扣码，如图 11-5 中的 Customize messaging 所示。如果卖家想对自己的折扣码做出更进一步的设置，可以单击这里进行设置，如图 11-6 所示。

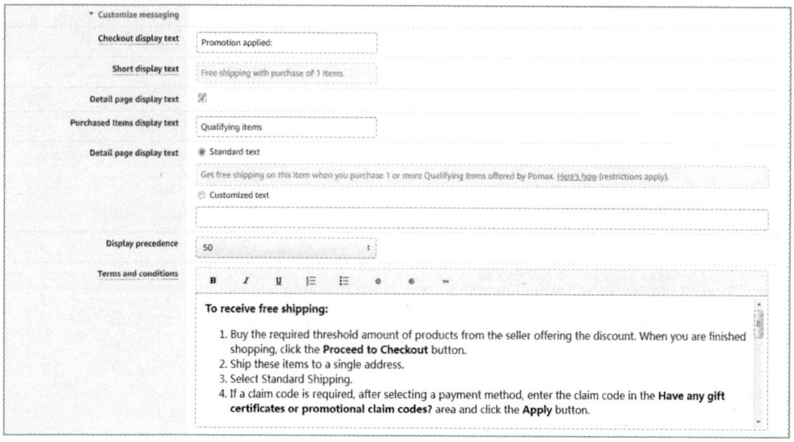

图 11-6　Customize messaging 设置

- Checkout display text：客户结账时所看到的优惠中已经在使用的文字，保持里面的内容不变即可。
- Short display text：这里卖家是无法更改的。
- Detail page display text：产品详情页是否显示优惠，需要勾选。

- Purchased items display text：当客户选择了能够使用优惠的产品时显示的文字，选择默认值即可。
- Detail page display text：详情页显示的促销信息，可以使用默认值，也可以自定义。如果有好的文字，可以使用自定义功能。
- Display precedence：显示优先级，默认不变即可。
- Terms and conditions：卖家的相关政策，建议保持原样即可。

设置完成之后，单击“Review”进行最后的检查。核实没有问题后，在检查页面单击“Submit”就可以提交了。

11.5.2 满减折扣

满减折扣是整个亚马逊用得最多的折扣方式之一。通过满减折扣，卖家可以通过把老的有流量的产品和新的产品捆绑在一起的方式给新上架的产品带来流量。这是新品期行之有效的推广方案之一，并且经过大家的实践，这种捆绑促销如果运用得当，能给新品推广带来很大的流量。

那么，满减折扣该如何使用呢？在图 11-1 中的“Percentage Off ”下方单击“Create”按钮。接下来如图 11-7 所示，来到一个和包邮促销设置非常类似的页面。

图 11-7　满减折扣的创建页面

下面我们来详细解析一下这种促销模式。卖家在设置这种促销的时候一定要谨慎，否则那种一夜之间赔几十万元的事情真的会出现在你身上。

如图 11-8 所示，和包邮促销一样，我们需要对哪些产品可以打折以及如何打折进行设置。

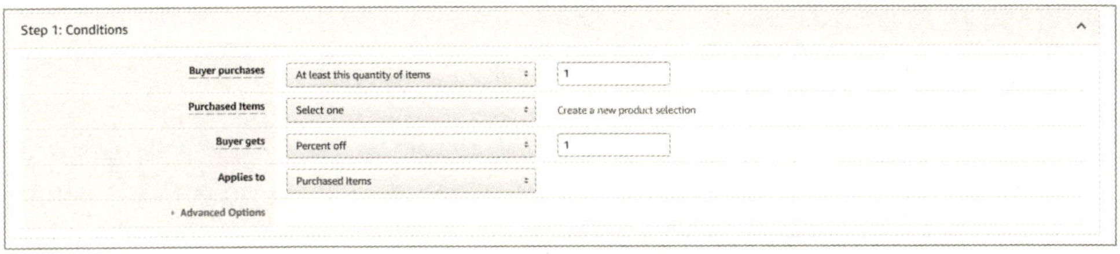

图 11-8　满减折扣设置第一步

1. Buyer purchases

如图 11-9 所示，此下拉框里有三个选项，卖家应根据自己的实际促销情况进行选择，具体情况会在下面解释。但有一点需要说在前面，卖家设置 Promotion 时，一定要记住 Step1（Conditions）里第一选项 Buyer purchases 的内容，任何促销的设置的优先级都是从上至下的，所以它的选择决定着整个 Step 1 的设定。

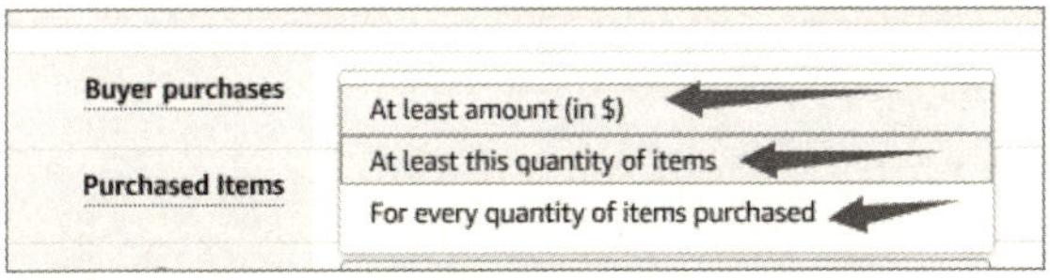

图 11-9　满减折扣下拉三个选项

- At least this quantity of items（至少购买多少件商品）：表示此促销只有在顾客购买了商家设置数量的产品时才可以运用，后面框里就需要卖家填上客户需享受此促销的购买数量。
- At least amount（in $）（至少购买达到多少金额）：表示此促销只有在客户购买了商家设置的金额数量之后才可以享受优惠，意思就是客户必须买满多少钱之后才可以享受促销活动。
- For every quantity of items purchased（客户每买多少件产品就可以享受优惠）：表示客户一次购买到我们指定的商品数量之后可以享受的优惠。卖家这里设置为多少，客户就要买多少才可以优惠。例如，卖家设置为 8，客户就需要买 8 件产品才可以享受优惠。

2. Purchased Items

这里指的是客户需要购买的产品列表，和设置包邮时一样，卖家需要设置客户需要购买的产品列表，可以根据 ASIN、SKU、品牌等进行设置。当然，卖家也可以创建一个列表，把自己所需要参加活动的产品都加入这个列表，以后同样一批产品做活动的时候直接选择列表即可。

3. Buyer gets

这里就是填写对买家的优惠，也就是促销的真正内容。这里唯一的选项就是Percent off：折扣（以前的Money Off已经被亚马逊取消），就是可以享受多少折扣的优惠。例如，商家想打8折就在框里输入20，如果想打8.5折就在框里输入15。

4. Applies to

这里表示卖家有哪些产品可以参加此Promotion，如图11-10所示。这里同样有两个选项内容：Purchased Items（购买的商品），这个选项是默认选项；Qualifying Item（指定商品），如果商家选择此选项进行促销，下方会出现Qualifying Item选项，单击选项框之后的Select an ASIN，表示当客户购买了商家指定的某个产品后才可以享受此优惠。

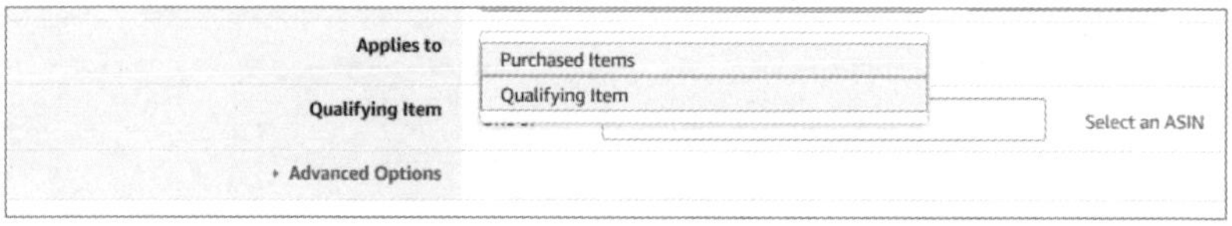

图11-10　两个选项卡

5. Advanced Options

高级设置，如图11-11所示，商家可以在这里添加多个活动的内容。比如满30打8.5折、满100打7.5折等，同时也可以在Exclude Items里设置商家不参加此活动的产品。

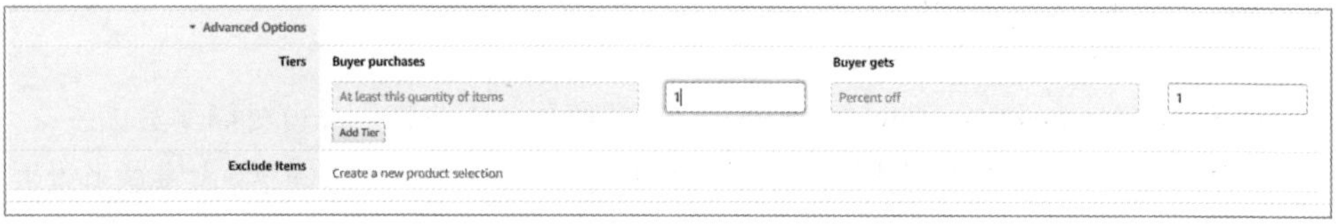

图11-11　高级设置选项

这是第一步的设置，接下来是第二步的设置，如图11-12所示。

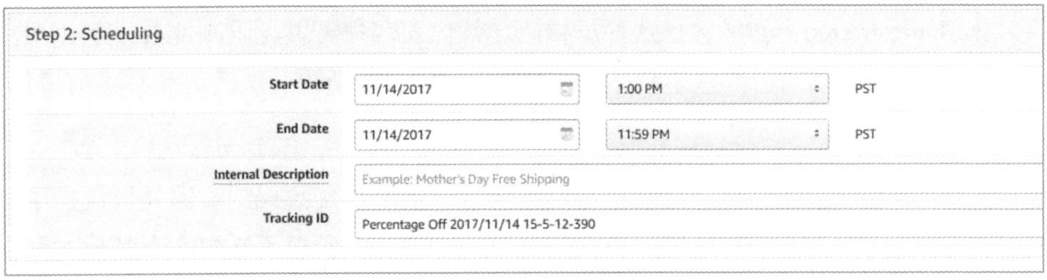

图 11-12　第二步设置

这里的设置比较简单，和设置包邮促销是一样的设置方式，不再赘述。

接下来就是第三步的设置，如图 11-13 所示。这里介绍一下，依然要设置很多内容，大部分内容都和包邮促销类似，这里仅挑出一些不一样的内容介绍一下。

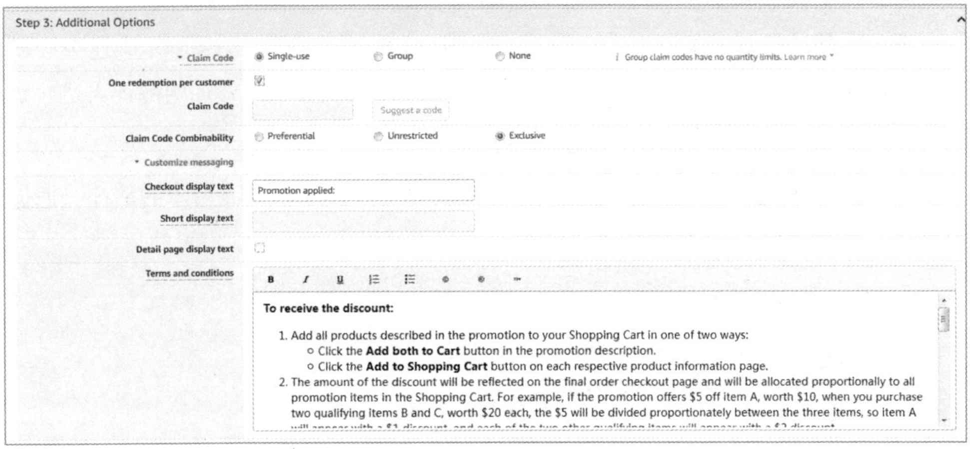

图 11-13　满减折扣第三步设置

- One redemption per customer：勾选这里，代表每位卖家将只能使用一个折扣码。
- Claim Code：自己输入折扣码或者使用系统生成的都可以。
- Claim Code Combinability：这里尤其需要重视，很多一夜赔几十万元的促销活动就是因为这里设置不当造成的。这里的折扣码类型用来区分促销的优先级、排他性等，如果有多个促销同时进行，卖家就可以通过创建不同的逻辑组合来限制客户折扣码的使用。这里总共有三种类型的折扣码，介绍如下。

（1）Preferential：优先型折扣码。同一个订单中客户最多只能使用一次折扣码，但是可以和下面的无限制型折扣码共同使用。如果在同一笔订单中有多个优先型折扣码，亚马逊将会选择最优惠的一个提供给买家。

（2）Unrestricted：如果选择这种折扣码，就代表客户可以无限制地在一笔订单里使用这种折扣码，哪怕最终这笔订单的金额被优惠成 0。所以，这里请务必谨慎选择。如果勾选，请务必检查是否有其他优惠折扣在同时运行。

（3）Exclusive：独享型优惠码，这是最为稳妥的一种优惠码。卖家如果选择了这种优惠码，就代表不能和其他任何种类的优惠叠加使用，所以不必担心有其他的促销会进行叠加优惠。如果是新手，建议选择此类型折扣码，以免犯错。

完成这里的设置之后，剩下的设置就和包邮设置时一样了，单击“Review”检查，然后单击“Submit”就可以了。

不过，到这里还没完，如果卖家设置私下发送的折扣码，还可以进行进一步的设置来观察折扣码的使用情况，并且要避免泄露折扣码给无关的人员。

进行这样的设置需要单击 Manage Your Promotions，如图 11-14 所示，这个按钮位于折扣创建选择页面。如果需要把折扣码私下发给你的客户或者你的测评人员，卖家需要在这里对自己的折扣码进行二次设置。

需要说明的是，如果是刚设置好的折扣码，就需要像图 11-14 所示的那样，把折扣码状态搜索的条件改成 All，否则设置的折扣码是没有办法搜索出来的。

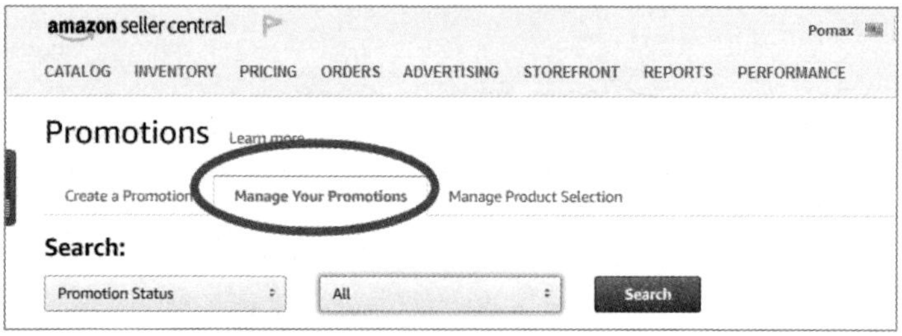

图 11-14　折扣码二次管理页面

当我们搜索之后，所有的折扣码信息都会列在下面，如图 11-15 所示。这时候我们先去选择需要进行二次编辑的折扣活动。

图 11-15　选择折扣活动

当点开任意一个折扣码之后，请单击管理优惠码，进行优惠码的管理。卖家在这一步所需要做的仅仅是在数量框里输入自己需要的折扣码数量，单击创建，然后在下面的折扣码列表里下载创建好的折扣码即可。

一般来说，商家的折扣活动会在三种情况下使用。一是新品上市的时候，商家可以把新产品和老产品加以捆绑，借助老产品的流量推广新品。二是打造爆款的时候，商家可以把所有的流量款产品的流量都往这个产品导入，主推这个产品。三是需要给测评人发送折扣码的时候，商家就可以用刚才所说的独立折扣码的方式来完成。

11.5.3　买一赠一折扣

如果学会了前两种操作，那么买一赠一操作就很简单了。如图 11-16 所示，里面的设置内容和前面两种几乎一模一样。

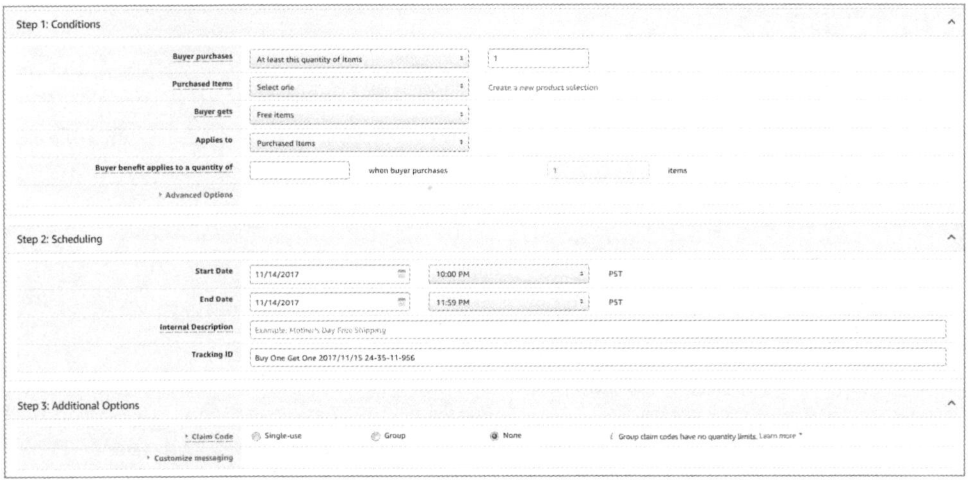

图 11-16　买一赠一的促销页面设置

不同之处在于第一步，如图 11-17 所示。

在这里，主要有两点不同。第一个地方是 Buyer gets，这里只有一个选项 Free items，因为这里是买赠促销，所以只有赠品这么一个选项。第二个地方是 Buyer benefit applies to a quantity of，这里填写客户购买一个产品可以获得几个赠品，千万不要写错，以免造成不必要的损失。

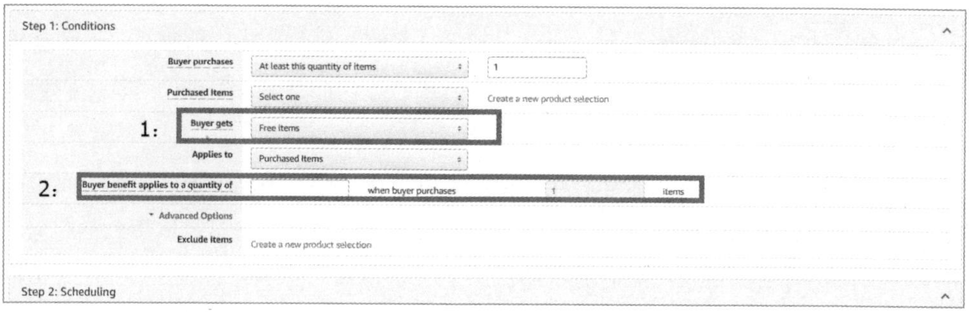

图 11-17 买赠促销的不同设置

其他内容设置就和我们之前说过的满减折扣设置一样了。需要提醒大家的是，不要设置错折扣码的组合类型，如果不熟悉，就设置独享型折扣码，以免造成不必要的损失。

11.5.4 抽奖促销

亚马逊近年新加入了一个促销功能——抽奖，就是如图 11-18 所示的 Giveaway。做过独立站营销的卖家可能比较熟悉这个功能。现在亚马逊推出了这个功能，那么卖家应该如何把它用好呢？

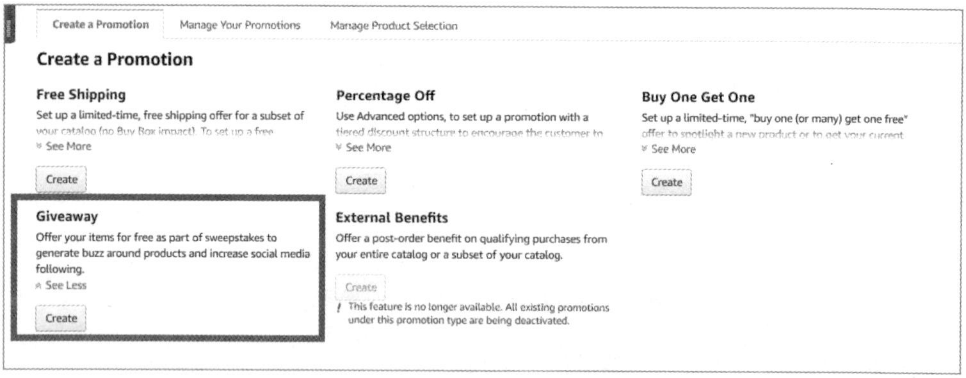

图 11-18 亚马逊抽奖功能

单击“Create”开始创建这个促销，之后来到产品选择页面，选择我们想进行抽奖的产品，然后单击“Set up a giveaway”进入正式创建的页面，如图 11-19 所示。这里，依然需要进行几步设置来使抽奖生效。

图 11-19　抽奖设置第一步

第一步，需要设置可以抽奖的产品数量，在 1 ~ 30 中进行选择，后面会显示出这个抽奖将产生的费用。当然，卖家还要承担运费和相对应的税费（如果有的话）。第二步，需要设置抽奖的类型，这里有四种类型可供选择。

Sweeptakes：在抽奖活动结束后，从所有的活动参与者中随机抽取中奖者。这种类型有点儿像我们传统的抽奖方式。

Random Instant Win：可以设置每多少个人就随机产生一个中奖者，而不用等到活动结束再产生所有中奖者。如果选择这种模式，如图 11-20 所示，卖家还需要对下面进行设置，来选择每个参与者能获奖的概率是多少。

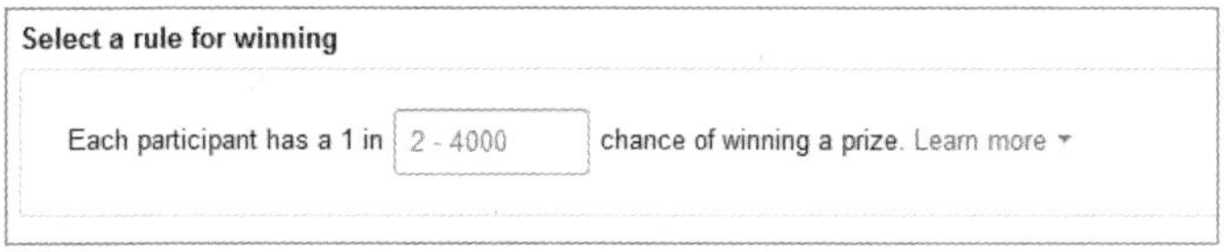

图 11-20　设置中奖概率

这里亚马逊也对我们做了提醒，建议不要设置过低的中奖概率，以免买家失去兴趣。

Lucky Number Instant Win：可以在这里设置每 N 个抽奖人中的第多少个可以立即获奖，而不用等到活动结束再决定最终的中奖者。和上一种类型的区别就在于，上面是随机数字，而这个数字是设定好的。例如，每 10 人中的第五名可以获奖，那就是 5、15、25、35 等名次的参与者可以获奖。

First-come, First-served：谁先来谁得奖，这种方式太简单粗暴，而且非常不利于正常操作，因为后面的参与者看到这样的活动基本就觉得获奖无望而不点击进来了。但是，如果有卖家想要利用这种方式把产品送给自己的测评人，倒是可以选择它。

接下来的步骤如图 11-21 所示，商家可以要求抽奖人进行某个动作以后才可以参与抽奖，比如关注商家的 Twitter 账户、发一个 Tweet、观看一段视频等。当然，也可以不做任何要求。

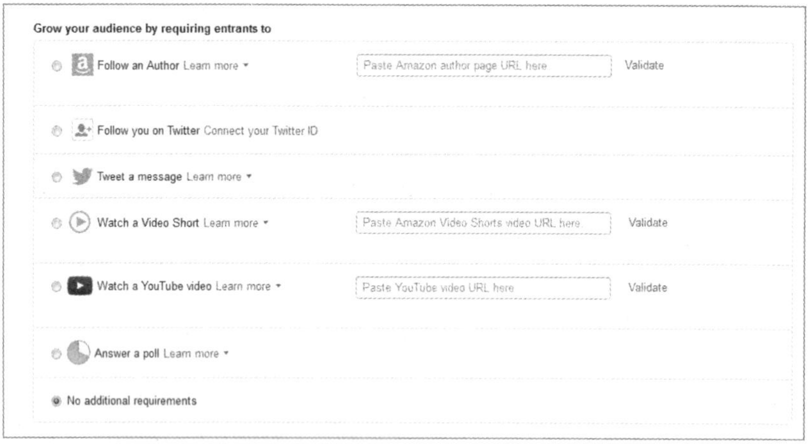

图 11-21　对抽奖者的要求

接下来几个步骤的设置如图 11-22 所示，在这里可以对抽奖进行更进一步的精细化要求。

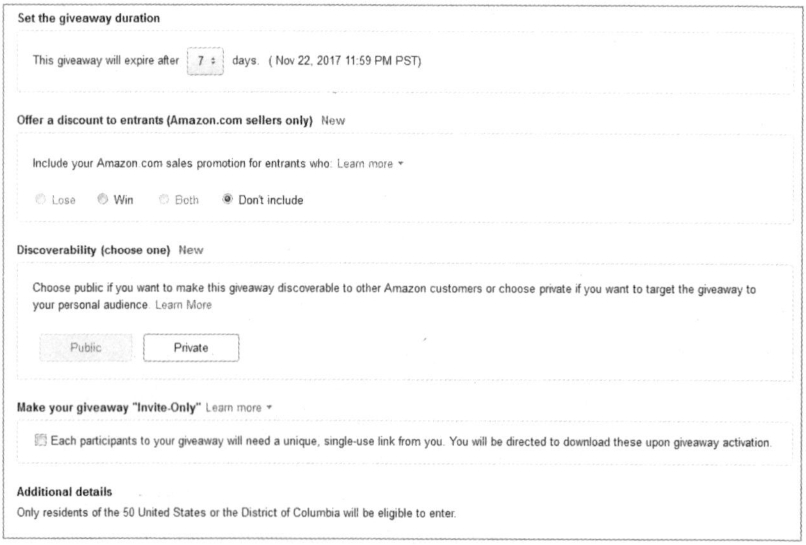

图 11-22　一些精细化的要求

- Set the giveaway duration：这里可以设置抽奖的有效期，最长的有效期是 7 天，商家可以选择 7 以内的任一数字作为此活动的有效期限。

- Offer a discount to entrants：这里可以选择给获奖者提供我们的促销活动，可以在选择 Winner 之后输入折扣 ID 验证，然后提供给他。或者选择 Don't include，则不用理会他。
- Discoverability：这里可以选择折扣是公开的还是私下发布的。如果选择公开的，则亚马逊的消费者都可以看到；如果选择私下发布的，则只有你邀请的买家才可以看到。
- Additional details：这里亚马逊对活动的有效区域做了限制。

到这里，我们就完成了抽奖的基本设置，下一步就是对抽奖的内容进行设置了。

商家需要对抽奖活动进行类似排版的设置，如图 11-23 所示。

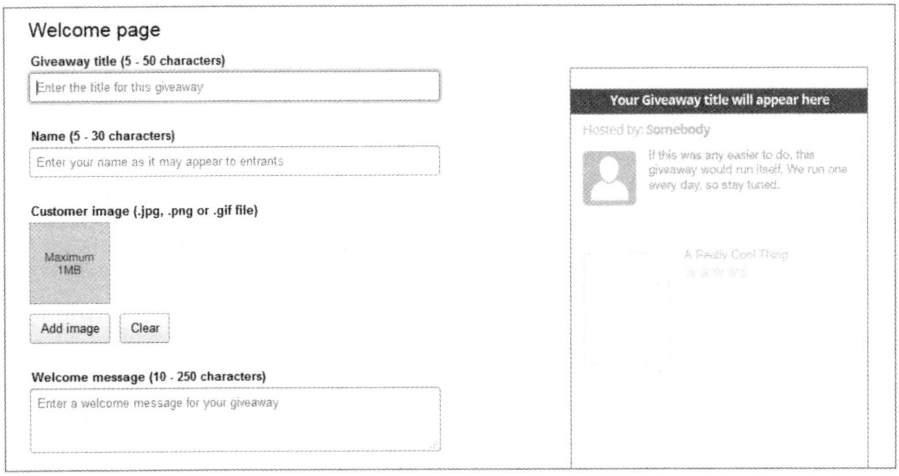

图 11-23　抽奖排版设置

你每选择一个项目，亚马逊就会在右边给出预览。这时候，你只要在该项目下面的框内输入你写好的文字就可以了。Giveaway title 可以编辑一个抽奖活动的名称，比如国庆大联欢。Name 可以输入主办人的名称，一般写 Seller Name 即可。Customer image 处可以上传一个本地图片作为产品显示图，记住只能是本地的。在 Welcome message 处可以写一小段话吸引人们来抽奖。

当然，卖家还可以进一步设置客户单击链接之后看到的内容，如图 11-24 所示。

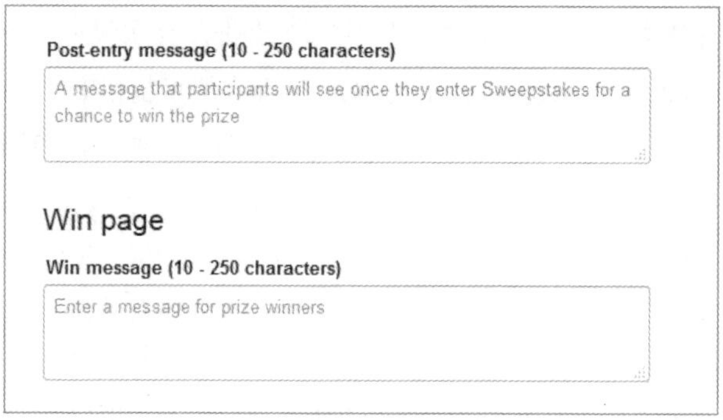

图 11-24　客户进入抽奖环节后看到的页面

在这里可以设置两项内容，一是客户进入抽奖页面时看到的文字内容，二是当中奖者产生的时候获奖人看到的文字内容。

设置完所有内容之后，单击 Proceed to Check out 按钮进行付款，就完成促销设置了。

之后还需要等待 24 小时，Amazon 将会审核这个促销活动。如果通过，就会给你发邮件，你可以复制邮件里的链接，然后选择在平台上公布，或者进行邮件发送。

注意：如果前面选择的是公开的链接，你的抽奖活动很快就会有人参加。

11.5.5　Coupons 促销

2017 年，亚马逊又推出了一种新的促销形式——Coupons 促销。

如图 11-25 所示，这种新的促销形式一样出现在我们的广告下拉框里，非常容易找到。

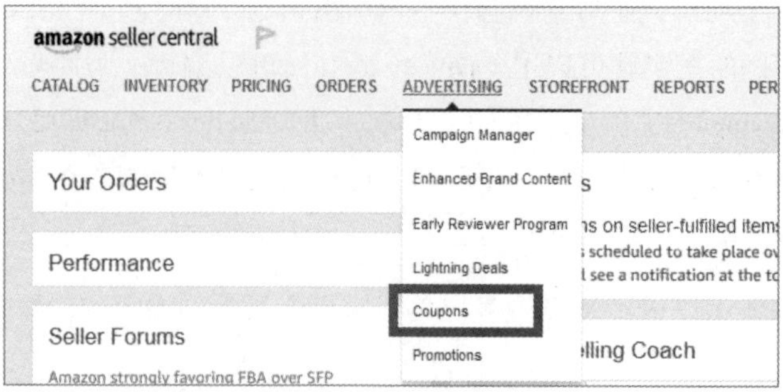

图 11-25　Coupons 的位置

Coupons 促销是亚马逊 2017 年“黑五”来临之前新推出的一种促销活动，很多卖家甚至都还没有发现。

首先，这种促销活动对卖家的反馈分数是有要求的，要求评分在 3.5 分以上的卖家才可以参与。不过这个要求相当于没有，除新手卖家之外，基本上卖家的反馈都不会低到 3.5 分以下。

单击“Coupons”之后，如图 11-26 所示，选择“Get Started”按钮开始设置。

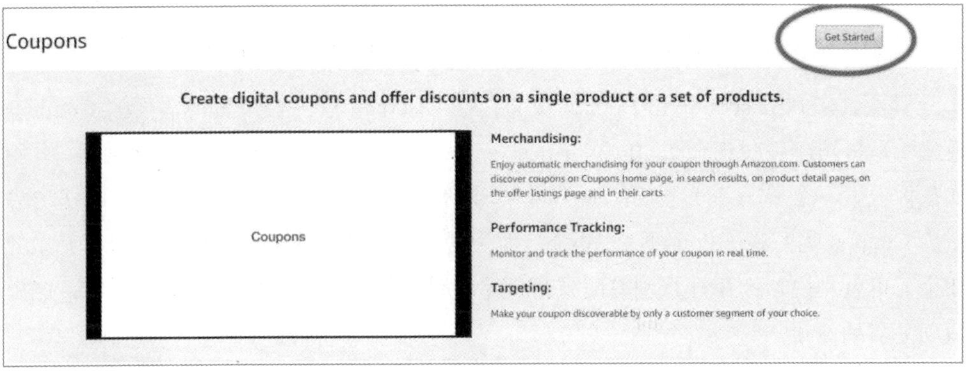

图 11-26　开始设置 Coupons

紧接着单击图 11-27 中所示的“Create a new coupon”按钮。在这个界面，卖家同时还可以看到已经创建过的处于各种状态下的 Coupons。

图 11-27　Coupons 状态显示页

单击“Create a new coupon”之后，进入如图 11-28 所示的页面，通过四个步骤开始设置 Coupons。

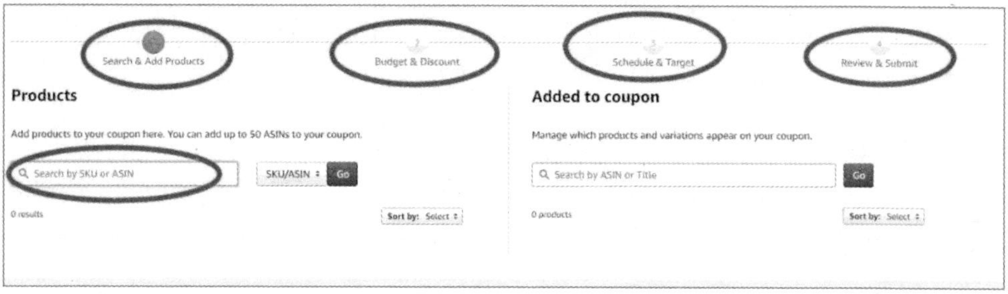

图 11-28　创建 Coupons 的步骤

首先，选择你想创建 Coupons 的产品，可以根据 ASIN 或者 SKU 进行选择。

其次，来到 Discount 和 Budget 页面，在 Discount 这一栏设置你需要的 Coupons 模式（是折扣还是减现金），在 Budget 这一栏设置你的总预算（如图 11-29 所示）。例如，你设置一个单个 5 美元的 Coupon，如果你的总预算是 50 美元，那么你能送出去多少 Coupon 呢？答案肯定不是 10 个，因为这个预算还包含亚马逊收取的 0.6 美元的佣金。也就是说，你在计算预算时要把佣金也计算进去。在达到预算金额之后，这个活动会自动停止。

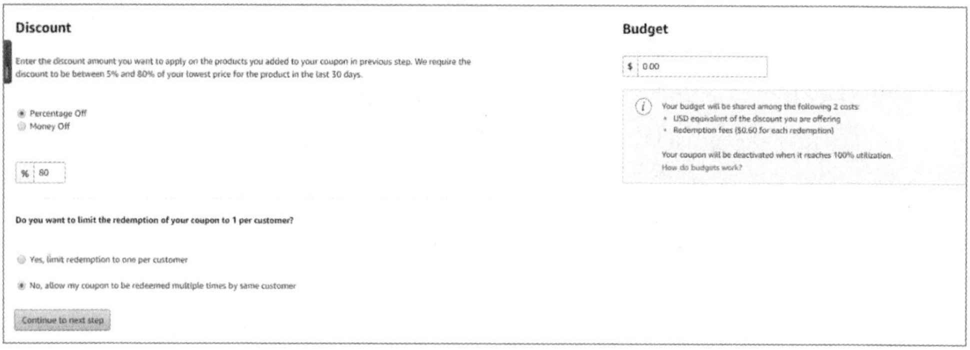

图 11-29　预算设置

接下来需要设置的是这个 Coupon 的标题、面向的客户及有效期，如图 11-30 所示。标题和有效期比较简单，不加以赘述，面向的客户群体貌似是亚马逊针对中小卖家新推出的一个功能，可以选择我们的 Coupon 仅面对哪类人群生效。这里，商家可以选择全部亚马逊客户、亚马逊会员、亚马逊学生会员、亚马逊母婴会员、浏览过指定 ASIN 的客户和购买过指定 ASIN 的客户等几种模式。

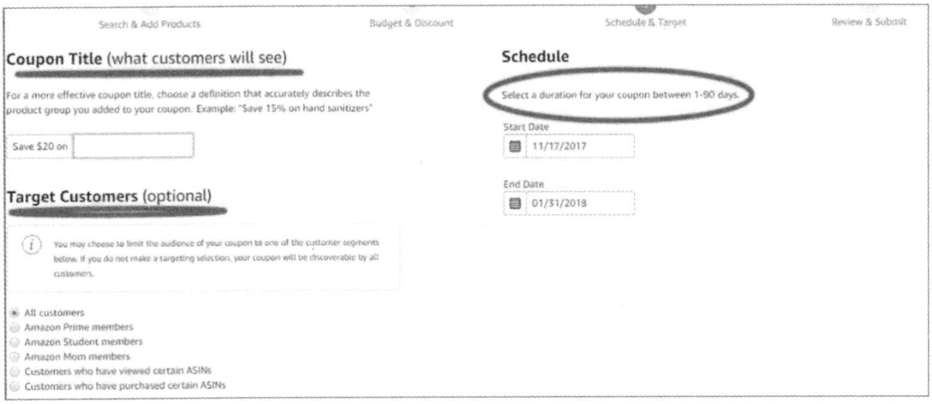

图 11-30　Coupons 设置

当完成设置之后，就需要通过“Review”和“Submit”进行预览和提交，提交后的 Coupon 将在四天后生效，生效后的效果如图 11-31 所示。客户在前台搜索产品的时候，可以直接看到这个 Coupon，这对商家的销售必然是有好处的。

不过，这个 Coupon 不要提价之后才做。如果你把购物车价格提高之后再去弄 Coupon，一来可能在这个过程中丢失购物车，二来外国人的数学能力不像中国人都这么好，很多人算不清你卖 23 美元再给他一个 5 美元的 Coupon 之后到底是多少钱的。所以如果你提高购物车单价，很可能会适得其反。

图 11-31　Coupon 在前台显示效果

11.6　哪种促销活动最合客户胃口

消费者多少都是欢迎促销的。但是，有些卖家的促销却由于过于缺乏诚意，而不受消费者待见。甚至有些卖家非常喜欢玩先涨价再促销的游戏，这样的玩法一旦被客户察觉，促销就会变得无人问津。

而且，外国人比较喜欢简单、直接。所以，在所有的促销里，满减促销和买一赠一是客户最喜欢的促销形式，卖家不妨多进行这些形式的促销活动。

“多一些真诚，少一些套路”，这句话在亚马逊上也是适用的。

11.7 黄金购物车

在亚马逊上，不管是自建产品还是跟卖的卖家，都可能和购物车发生各种爱恨纠葛。特别是跟卖的卖家，这种感觉更加强烈。

11.7.1 什么是黄金购物车

购物车分为两种，一种是普通购物车，另一种就是大家讨论的“黄金购物车”。我们需要讨论的就是黄金购物车，如图 11-32 所示，黄金购物车其实就是我们搜索产品所看到的购物车。

图 11-32 黄金购物车

这种购物车因为呈现金黄色，所以被称为黄金购物车。大家千万不要被“黄金购物车”这个名词给吓住，以为是购物车的什么高级版本，其实就是购物车而已。

很显然，黄金购物车的功能就是可以让我们很方便地把产品加入客户自己的购物车中。如果没有黄金购物车，如图 11-33 所示的这个过程就显得比较复杂。客户首先要单击“Available from these sellers”，然后才能来到加购物车的页面添加到自己的购物车里。很多客户有可能不会这项操作，他们认为这种情况下表示该产品不能购买。

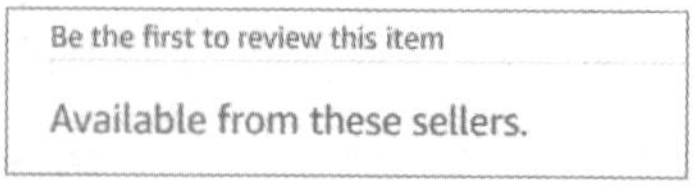

图 11-33 没有购物车

如果到这里你还是觉得黄金购物车是可有可无的，那么我们来看一个数据。根据亚马逊的统计，80%～90%的客户都是通过购物车下单的。换句话说，如果我们没有赢得黄金购物车，就等于和亚马逊上 80%～90%的客户说再见了。这个数据是不是很吓人？

顺便说一下，亚马逊美国站 2016 年的总销售额是 1 275 亿美元。可以自己算一下，如果没有购物车，是不是和上千亿美元说再见了？肯定还会有人想“我不贪心，我只要求能在这里分一杯羹就满足了”。那我再告诉你一个事实，余下的不到 20%的销售金额里，还包括那些多个卖家争抢购物车的时候，消费者点进去购买了最低价的卖家产品的比例，也就是说，消费者查看了跟卖的卖家后再下单的比例也在这里面。你还会觉得购物车无所谓吗？

那么购物车为什么如此重要并受到消费者的青睐呢？客户来到亚马逊购物的原因是什么？大多数消费者来到亚马逊是因为信任亚马逊，而不是因为价格低。这里的信任也包括了对购物车的信任，客户相信亚马逊会把最适合他们的卖家展示给他们，所以客户愿意相信购物车里的产品是由优质卖家提供的。

还有一个重要的原因，大家可以再次查看图 11-32，里面有一个功能叫作 Buy now with 1-Click，这个“逆天”的功能让客户仅需单击一下按钮，这个产品就下单成功了，任何其他事情都不需要去做，给客户带来了极大的方便。就算不使用这个功能，客户通过购物车下单也是非常方便的。而且，欧美客户最喜欢的就是这种方便的购物方式。

那么，获得黄金购物车的基本条件是什么呢？第一，必须是专业卖家才能获得购物车。第二，产品必须是新品，二手、官方翻新的购物车获得是另外一套逻辑。第三，产品必须有库存，这是毋庸置疑的。以上三点是卖家获得黄金购物车的充要条件，三点中任何一点不满足都无法获得黄金购物车。

11.7.2 购物车应避开哪些误区

其实，对于购物车，还存在着很多误区，总结如下。

1. 价格决定有没有购物车

购物车绝对不仅仅和产品价格有关。笔者经多次实践发现，在低价产品竞争时，价格和购物车的联系更为紧密一些。这种低价产品通常是 15 美元以下的产品，而在 25 美元以上的中高端产品中，这种联系紧密的迹象并不是很明显。所以，我们绝对不能片面地认为购物车和产品价格是唯一关联的。

2. 购物车由亚马逊把持

很多人想当然地认为，只要有亚马逊作为卖家在进行销售，购物车就会一直属于亚马逊。其实这是非常落伍的想法，亚马逊很早就放弃了由单一卖家一直拥有购物车的行为，而转为轮番共享。说白了，购物车就像一部共享单车，谁的条件优越谁就可以上车。

亚马逊能够比第三方卖家更容易抢到购物车的原因，就在于亚马逊把自己定义为完美卖家。作为一个完美卖家，亚马逊抢到购物车的概率自然高很多。大多数卖家都有这样那样的缺陷，所以造成了怎么也抢不过亚马逊的错觉。但如果你的卖家评级也很完美，是完全可以和亚马逊来竞争购物车的拥有权的。

特别是自有品牌卖家，亚马逊可能通过一些方式有了一些和你一样的产品来跟卖，但由于你的供货比亚马逊本身要稳定很多，如果你足够完美，就可以很容易地把购物车抢回来。所以，千万不要认为是亚马逊把持了你的购物车，其实只是你不够完美而已。

11.7.3 哪些因素会影响黄金购物车的获得

卖家要获得黄金购物车，是受一些因素影响的。接下来就来梳理这些因素，帮助卖家搞明白黄金购物车到底是怎么得来的。

- 配送方式。这里指的是自发货或者 FBA。亚马逊的 FBA 配送方式是最影响获得购物车的一个因素，也是新手卖家快速获得购物车的一个关键因素。
- 产品价格。这里一般指的都是最终落地价，而不是卖家页面上显示的销售价。落地价包含消费者需要付出的产品售价+邮费+税，在美国买东西是需要额外交税的，并且每个州的税率不一样，这里就不一一统计了。但一定要明白，不要通过降低销售价提高邮费的方式来使你的产品价格看起来很低，那样做是没有用的。
- 卖家评级。这一点是卖家每天最应该关注的，也是每天最应该维护的。如果卖家不能维护好卖家评级，可能就要用更低的价格来抢占购物车了。
- 运送时间。这里指的是客户能收到货物的时间，较高的准时送达率是提高购物车获得率的要素之一。同时，亚马逊也会根据买家和卖家的产品距离来调整购物车的所有者。

- 历史订单数。亚马逊会通过历史订单量来决定卖家是否可以获得购物车，因为可以通过这些历史订单来衡量卖家在各个方面的表现。所以，这也是很多自发货卖家在出了一些订单以后才慢慢获得购物车的原因。

那么，这些因素是如何影响我们的购物车的呢？接下来，我们通过表 11-2 里的各项数据值的变化来演示购物车的变化。

表 11-2　购物车获得变量

Buybox	总分：100					
卖家	A	B	C	D	E	假设单项总分
出价	15	10	11	10	8	15
配送方式	20	23	20	22	10	25
评价	20	14	20	18	0	25
运输时间	22	23	15	20	22	25
历史订单	8	7	5	4	2	10
获得总分	85	77	71	74	42	

我们先来解读一下这张表格，假设购物车的各项变量的总分加起来是 100 分，并根据出价、配送方式、评价、运输时间及历史订单等方面来进行不同的打分。其中，出价的假设单项总分是 15 分，配送方式的假设单项总分是 25 分，评价的假设单项总分是 25 分，运输时间的假设单项总分是 25 分，历史订单的假设单项总分是 10 分，共计 100 分。虽然是假设的，但也是根据笔者多年对购物车的研究所做的，所以假设值并不一定会离经叛道。

现在，我们来看一下这些变量是如何影响购物车的。现在有 A、B、C、D、E 五个卖家，每个卖家都在不同的项目上有所得失。我们拿 A 卖家来举例，他在五个卖家中是唯一得到出价满分的，说明他的出价是最低的一个，而配送方式方面他得到了 25 分中的 20 分，必然使用了 FBA 配送。那么为什么使用了 FBA 配送，分数还不是满分而是 20 分呢？

对此我们需要引入另外一个概念——库存绩效。由于 A 卖家的历史 FBA 库存绩效可能不太优秀，所以在这一项是有可能失分的。接下来是运输时间，由于是 FBA 发货，所以运输时间也得到了非常高的分数。另外，历史订单方面表现也不错。

综合下来，A 卖家在各个方面都表现优异，所以最终得到了最高分，这时候购物车的拥有权就应该属于 A 卖家。由于 B、C、D、E 四个卖家在各个方面的绩效都不如 A 卖家，他们的得分也较低，因此在和 A 卖家抢夺购物车的时候就不占优势。

但是，由于这些绩效都是需要卖家不断维护的，所以千万不可以掉以轻心。一旦有一天卖家丢失了一些分数，其他卖家立刻就会蜂拥而上把购物车抢走。如表 11-3 所示，我们通过这张表来演示如果 A 卖家不认真维护他的各项绩效，购物车将会如何演变。

表 11-3　购物车的演变

Buybox	总分：100					
卖家	A	B	C	D	E	假设单项总分
出价	15	13	11	10	8	15
配送方式	18	23	20	22	10	25
评价	18	20	20	18	0	25
运输时间	22	23	15	20	22	25
历史订单	8	8	5	4	2	10
获得总分	81	87	71	74	42	

通过这张新的表格可以看出，A 卖家的库存绩效在继续变差，以至于配送方式的得分在继续降低。同时，可能由于来了一个负面反馈之类的信息，导致评价也变低了。另外，B 卖家在各个方面都有所提升，优化了产品价格，之前的一些负面反馈带来的扣分也没有了，所以 B 卖家的最终总分反而超过了 A 卖家，独占鳌头。这时候，获得购物车概率最高的就是 B 卖家。

所以，购物车的拥有者并不是一成不变的，每个卖家都可以通过提升自己的表现来拥有获得购物车的机会。这里需要说明的是，亚马逊并不会把购物车永久地给某一个表现好的卖家，正如笔者一直说的，得分高的卖家只是有更高的概率获得购物车，其他卖家只是概率相对来说低一些，但依然有获得购物车的可能性。

但有一种情况例外，就是没有达到亚马逊获得购物车的基本要求分数的情况。我们再看表 11-3 中的卖家 E，这个卖家在各个方面的表现都比较差，很可能不能满足亚马逊对于购物车要求的最低分。所以，在和别人的竞争中更不可能获得购物车了。

11.7.4　为什么一发 FBA 就有黄金购物车

根据前面的介绍，卖家大概能明白购物车的变迁过程了。但是，仍然有很多卖家的产品属于自建产品，牵扯不到跟卖。那么，自建产品卖家的购物车是如何演变的呢？为什么有很多人一发 FBA 就有黄金购物车了呢？如表 11-4 所示，我们通过 E 卖家来展示一下这个自建 listing 该如何获得黄金购物车。

表 11-4　FBA对购物车的影响

Buybox	总分：100	
卖家	E	假设单项总分
出价	12	15
配送方式	22	25
评价	22	25
运输时间	22	25
历史订单	8	10
获得总分	86	

对，你没看错，这就是刚才那个表现非常差的 E 卖家。那么，他做了什么事情实现了逆袭呢？其实他只做了一件事，发 FBA。为什么发 FBA 有这么大的影响呢？我们来一点点分析。E 卖家在发 FBA 之前，作为亚马逊上的一个“平民卖家”，采用自发货的形式从国内发货，然后隔三差五还会因为递送太慢收到客户的差评，所以各项绩效都很差。

于是这个“平民卖家”痛定思痛，发了 FBA，实现了单个产品的运费降低，总的落地价也下降了，得分也变高了，FBA 的评价也没问题了，运输时间也因为使用 FBA 而没有缺陷了，开始慢慢地有了一些订单，历史订单的绩效也变好了。总之，完美实现了逆袭，而这一切仅仅是因为发了 FBA。

从这个例子就可以看出，发 FBA 真的很重要。但是，这些绩效都需要卖家不断维护，任意一个绩效不行都会让分数重新变差，积累起来的优势又会消失。所以，FBA 是卖家的一个重要武器，但也不能完全依赖于它，几个方面都需要不断维护。

通过 E 卖家的分数演变，能够很清晰地看出卖家一发 FBA 就有购物车的原因。总体来说，是因为发了 FBA，提高了卖家各个方面的绩效，从而提高了卖家的综合得分，使得分达到了可以获得购物车的门槛。

第 12 章

封堵一切封号的可能性，解救大部分封号

在亚马逊做卖家，最担心的事情莫过于账户被封了。由于近年来大量良莠不齐的卖家涌入亚马逊，导致亚马逊被封号的卖家非常多，所以很多卖家稍微出点问题，账户就会被停用，等待卖家提供更进一步的资料和计划来判定是否能够继续在亚马逊经营。

所以，提出行之有效的计划方案，以及符合亚马逊需求的发票是非常关键的步骤。本章就带大家了解详细的解决方案。

12.1　关联被封账户原因及解救思路

关联是经常被关账户的一种行为，大多卖家都喜欢进行多账户操作，然后由于各因素账户被关联。

关联账户被封，解决思路是什么呢？首先需要搞明白亚马逊判定卖家账户关联的

核心原因，那就是不让同一个主体有多个账户。所以我们需要做的就是，极力向亚马逊证明这两个账户不属于同一个主体。

处理账户关联的思路和其他关联账户的思路是截然不同的，在其他情况下，卖家还可以提交计划让亚马逊审核，判断我们接下来的行为。但如果是因为关联这个原因被关了账户，那么连提交计划都不能做了。

所以如果因为关联被亚马逊暂停了销售权，我们的解决思路应该是给亚马逊提供资料，首先说明我们是严格按照亚马逊的要求在经营账户，并且会继续按照亚马逊的要求来严格要求自己，不断满足客户的各类需求，做好用户体验。

同时还要说明自己的账户是完全独立的操作，不存在任何多账户操作的情况，并提交自己独立的资料给亚马逊，证明自己是一个独立的公司，并且还要提交独立的品牌 Logo，证明这个资料是唯一的、和别人不一样的。换句话说，解决关联被关账户的核心思路就是证明我们不一样，而其他方法通过的概率都很低。

当然，在邮件的最后还要说一下卖家已经做了哪些行为准备提高客户的体验，让亚马逊觉得你是一个对客户负责的卖家。要注意，卖家写的所有事情都应该“已经做了”、会对客户产生哪些正面积极的影响，千万不要说将要做什么、打算做什么、计划做什么，这样的用语是不足以打动亚马逊给你解封账户的。

所以解决关联封号问题看起来复杂，其实只要掌握了核心思路，有的放矢，就能获得亚马逊的理解。毕竟亚马逊扫描关联的只是机器而已，判断关联也是一个机器的判断。所以只要你解释合理，人工客服是可以理解的。

12.2　亚马逊绩效超标被封原因及解救思路

第二种关账户的常见情况就是我们的 ODR 等重要绩效超标。

能导致我们账户被关闭的绩效有 ODR、有效追踪率、配送前取消率这三个核心指标。

ODR 分为差评反馈、A-Z 及 Chargeback 三块，这三块加起来超过 1%就会导致账户被关闭。那么如果因为这三个因素被关闭账户，卖家该如何向亚马逊申诉呢？

首先我们来反思一下，这几个方面造成差评从而影响我们的绩效，大多是由以下原因造成的：第一，货物没有及时送到；第二，实物与描述不符；第三，客户收到损坏的货物；第四，客户对货物不满意，想退换货不知道怎么退换或者退换货遇到了麻烦；第五，对卖家客服不满意而产生纠纷。

我们思考一下，这里所有的问题是不是发了 FBA 基本上就都可以解决了？所以，思路就很清晰了。

对于绩效超标的问题，不管是 ODR、有效追踪还是配送前取消，只要发了 FBA 就一定能够解决。所以，如果因为这个原因被封账户，解决的核心思路就应该是告诉亚马逊我们开始发 FBA 了。具体的邮件操作思路如下：首先，和亚马逊沟通，深刻认识到自己的错误违反了亚马逊的哪些原则，给客户带来了哪些不好的体验，这些错误分别是怎么造成的。

注意：写原因的时候尽量找一些看起来更改了就会立竿见影的做法来写，不要写“由于我们这里路途偏远，发货只能这么慢，希望亚马逊谅解”，这样的话，你这个问题就变成一个不能解决的问题了，亚马逊会一直揪着你的这个“小辫子”不放。

我们针对这些原因，已经（一定要注意这两个字，是“已经”，千万不要习惯性地用“we will”，亚马逊要的是你的行动，而不是想要知道你以后会做什么，所以只有那些已经行动的并且有效的计划才能打动亚马逊）采取了哪些措施。

这些措施可以包括：① 成立了专门的质检团队，发出去的每一批货都有专门的质量检测人员进行完全检测；② 成立了专门的客服团队，及时跟踪每一个订单的状态，一旦发现订单运输状态异常，或者客户有任何负面的反馈，都有人在第一时间专门负责解决；③ 更换了更专业的物流服务商，使用 Fedex/EMS/UPS/DHL 等专业物流商给客户配送；④ 以后所有货物都会通过亚马逊的 FBA 物流来进行配送，停止自发货的订单，同时把后台库存里的自发货产品转换成 FBA 发货，并且已经准备好了所有的产品，一旦亚马逊允许继续销售，将立刻把货物发送到 FBA 仓库，另外还雇用了有经验的专业 FBA 操作人员来保证在运输到 FBA 仓库的过程中不发生任何错误。

按照这样的思路写邮件，基本可以保证因为账户健康等各种问题造成暂停或关闭的账户能够重新运作起来。但请注意时效，亚马逊的第一次回复是很快的，所以卖家的第一封邮件很关键，不要冲动，不要着急。亚马逊给卖家写计划的时间非常充足，认真写好第一封邮件，亚马逊会在 48 小时之内回复。否则，如果你的第一封邮件没有进展，亚马逊让你再继续改进措施和计划，那么第二封邮件的回复就可能需要 1 ~ 2

周的时间，会极大地影响产品的销售。这样的账户就算救回来，基本上和一个新账户也没有区别了。

12.3　产品不符合亚马逊相关规定被封原因及解救思路

因为亚马逊的规定确实挺多，并且各种规定纷繁复杂，而且亚马逊对于卖家的要求相较于其他平台极其严格，很多其他平台操作经验丰富的人到亚马逊来操作，也会处处碰壁，甚至最后连账户都保不住。

在亚马逊操作，不管之前在其他平台做得如何，一定要持有归零心态。要记得，亚马逊的操作和其他平台完全不一样，一不小心账户就会被亚马逊审核甚至关闭。接下来，我们就来说一下账户因为违反亚马逊的规定被关闭后应该用什么样的思路向亚马逊申诉。

亚马逊的规定非常多，由于篇幅所限不能尽数列举，我们只举一个最常见的例子。

亚马逊有这么一批卖家，喜欢在卖得好的产品下面创建变体。如果真符合当前类目的变体规则也就罢了，但有很多人在一些明明不可以创建变体的类目下创建变体，这就会引发亚马逊的审核，甚至直接被封店铺。

这种违规叫作违规变体，亚马逊称其为 Violation of Variations。这种行为一旦被客户举报或者被亚马逊发现，直接就会被关闭销售权限，让卖家提交计划才可以继续开店。

那么如果遇到这种类似违规变体而被亚马逊关账户的情况，解救思路应该是什么呢？第一步，卖家自己应该弄清楚哪些产品违规变体了，这是非常关键的一步。搞清楚不难，毕竟你自己应该很清楚哪些产品不能变体而你却用表格违规创建了变体。但是，这里不能单纯地把所有变体都当作违规变体，这样做是绝对不行的，因为合理的变体在亚马逊是可以被接受的。

第二步需要做的就是解除所有违规变体的变体关系，让它们变成单一的产品。这里再强调一下，不要盲目地解决变体关系，你只可以解决违规变体，正常的变体不要解开变体关系。

第三步，写邮件。写邮件的思路是，先通过亚马逊的邮件，了解到违规变体这样的行为是不符合亚马逊的规定的。并且，全公司重新认真学习亚马逊的所有政策和规定，尤其是关于变体的，并找出所有的违规变体。

注意：之前说符合规定的变体不要解除，就是因为如果我们解除了正常的变体产品，亚马逊会认为我们对变体的定义了解不充分，进而拒绝我们的账户解封申请。

把所有的违规变体找出来，并把这些 ASIN 列给亚马逊，请求亚马逊审核这些 ASIN。接下来，告诉亚马逊我们已经雇用了专业的人员来负责之后的亚马逊操作，并且会对我们以后所有操作亚马逊的人员进行全面培训，避免这样的情况再次出现（如果没有发 FBA 的话）。

所以，这种问题的核心解决思路就是：我们认识到了错误，并找出了所有错误的 ASIN（记住，是所有错误的，不能漏，也不能多，这是非常关键的地方），紧接着我们纠正了这些错误，并且找到了专业的人员来对我们进行指导，避免以后再次出现类似的错误。同时，为了提高客户体验度，我们以后的货都会通过 FBA 来发送。

12.4 被投诉卖假货可能的原因及解救思路

卖假货在亚马逊是一个非常严肃的问题，一旦被客户投诉卖假货，账户被关闭的可能性极大。因为亚马逊对这种行为是“零容忍”的，所以卖家不要在亚马逊上卖假货。但有些卖家明明没有卖假货，卖的只是自己工厂生产的产品，一样会遇到被亚马逊以卖假货的原因关闭店铺的情况，这又是什么原因呢？

出现这种情况的原因大多数时候是因为产品和描述不符，很多客户投诉产品是 Fake 的原因大多不是真的判定这个产品是 Fake 的，他们也没有那么强的专业性，而往往仅是因为产品没有达到他的心理预期或者是卖家在描述产品的时候过于夸大其词，出现了一些可能让客户误解并且产品没有的功能。

例如，电子显示屏类的产品涉及高清、标清之类的概念，如果卖家将产品标清的分辨率写成了高清的分辨率，客户不满意，当然要投诉了。你没有达到你说的标准，不就是卖假货吗？

如果出现这种问题，我们该如何解决呢？解铃还须系铃人，出现这种问题后，卖家第一步要做的是做好和客户的沟通，能够取得客户的谅解并让客户撤诉是对卖家的申诉大有裨益的一步。如果客户撤诉，卖家把这个撤诉的信息透露给亚马逊，亚马逊就会很快地通过卖家的审核。不过在审核这类问题的时候，亚马逊通常需要提供发票，这里亚马逊对提供的发票是有明确要求的。

第一，需要提供的是机打增值税普通发票；第二，发票上体现的 SKU 数量最好超过三个，发票的总数量最好超过三张；第三，发票上显示的产品必须包含亚马逊提出有疑义的产品；第四，进货的产品数量应该大于或者等于卖家 90 天内售出的数量总和加上 FBA 所有库存数量总和；第五，发票的进货方必须与亚马逊注册公司名称保持一致；第六，开票的时间要早于开始销售的时间，否则要在发票上注明“补开”。

这里需要注意两点：第一，发票必须是在税务局网站上真实可查的，亚马逊会去查询；第二，发票金额可随意并遮挡住。

这时候，卖家就可以应诉了。一般来说，这种情况下亚马逊会主动要求卖家提供资料，在应诉的时候卖家需要做的就是把资料准备齐全并提交给亚马逊，同时提交卖家的计划。卖家的计划要做到：首先，了解清楚亚马逊的规则，雇用专业人士彻查所有产品描述，一次性解决所有可能让客户产生误会的地方；其次，要把所有有问题的产品全部下架；再次，要给所有购买过该款产品的客户发调查信，询问客户在使用产品的过程中是否觉得有问题，如果有任何产品问题则会 100%全额退款；最后，更换供应商。

注意：如果是厂商，则应该写“我们已经增加了专门的品控团队”。

另外，针对已经投诉的客户，如果像上文中描述的已经解决问题了，卖家要把与客户往来的邮件呈送给亚马逊。如果还在解决的过程中，卖家要加速解决问题。还没有收到客户回复的，若超过一定时间客户不回复，则应 100%退款。最后，对于这批有问题的产品，应完成全部下架处理后及时移除/销毁所有库存。同时，如果货物没使用 FBA，则应立马开始使用 FBA 发货。

这种申诉模式仅限于客户对产品不理解造成的误会，如果你是真的卖假货被亚马逊关店，不好意思，这种情况没什么好说的。

12.5　侵权被封账户

侵权这种行为也是一碰即死的，亚马逊对知识产权的保护非常严苛，所以卖家产品不要侵权，否则和卖假货一样不予解救。

但是，需要解救的绝大多数侵权都是因为不了解权利信息造成的，甚至是被人陷害的，可以说“一入侵权深似海”。接下来就总结几种侵权模式，以及遇到这几种侵权模式时解救的思路。

12.5.1 外观侵权、专利侵权、品牌侵权

外观侵权指的是产品外观设计的侵权。亚马逊如果给你发送的邮件开头是：We are contacting you because we received a report of design infringement from the right owner listed below.就表明涉嫌外观侵权并且已经被人投诉了。这时候，你就需要准备面对亚马逊的审核了。

外观侵权一般都是一些大型公司的专门的法务团队不断地在各个商业平台寻找侵权产品，所以卖家不要抱有侥幸心理，认为自己是小卖家，查不到自己头上。事实上，有很多小卖家都是因为侵权被查了。

专利侵权一般指的是发明专利，这种侵权因为举证比较困难，所以平常所见较少，几乎没有人能够成功举证发明专利侵权。

品牌侵权一般指的是我们侵犯了别人的商标权益，重点是服务或商品的标志被侵权。这种侵权也是亚马逊上常见的侵权类型，通常亚马逊会以这种方式来通知卖家：You currently may not sell on Amazon.com because you are offering items that may infringe intellectual property rights or may be inauthentic. Examples of these items are at the end of this email. 如果你某天收到一封这样开头的邮件，说明你的产品涉及商标侵权。对于这种侵权，亚马逊在邮件末尾都会列出具体侵权的品牌和ASIN。很多人收到这种侵权邮件的时候都会一脸懵，“自己生产的产品怎么侵权了？”或者“别人都在跟卖，怎么我跟卖就侵权了？”

当然，品牌侵权还有可能是由于卖家自己对规则的不了解造成的。最典型的就是苹果周边产品的侵权，如果卖手机膜一定要写成“screen protector for iPhone x”，千万不要写成“iPhone x screen protector”。因为前者合理，后者就侵权了。另外，卖家也不要在 Search Term 里面写入别人的品牌，这样做也是侵权行为。

12.5.2 版权侵权

版权侵权也是一种高发的侵权行为，主要是很多卖家根本不了解版权侵权的概念，如抱枕上出现一个钢铁侠、T恤上出现一个林肯公园的图案，很多人都不以为然，直到收到了这样的邮件：We are contacting you because we received a report of copyright infringement from the rights owner listed below. Sellers on Amazon.com are not allowed to create listings or detail pages that infringe copyright. We removed the content listed at the end of this email. We may let you list this content again if we receive a retraction of the complaint from the rights owner. Their contact information can be found below. 很多卖家问了一圈之后才恍然大悟，哦，原来钢铁侠是侵权图案呀！这样的情况大多和法制观

念、版权意识淡薄有关，所以千万不要犯这种错误。

像漫威旗下、DC 旗下，都有很多的法务人士在每天盯着，千万不要滥用，也千万别说“我的图来自淘宝，人家都在用，我怎么不能用？”甚至有人说“不就是只猫吗，它的耳朵我还重新设计换了颜色呢。”说这些都没有用，因为以上都是标准的侵权行为。

12.5.3　侵权解救思路及模板邮件

说了这么多种侵权行为，其实解决思路都是一样的。如果遇上，不要急着回复亚马逊的邮件，要主动和权利所有人联系，积极主动地承认错误，一些公司是会撤回投诉的。

如果你发了几封邮件，对方不予理睬，不回复你的邮件，记得在发每一封邮件的时候都要抄送给亚马逊在给你的邮件里提及的相应邮箱，告诉亚马逊你在积极应诉。

如果卖家在连续发了四五封邮件之后对方都没有回复，这时候就可以组织语言来和亚马逊沟通了。

第一步，移除亚马逊提及的所有侵权的 ASIN，包括仓库里的所有库存，或者直接销毁。第二步，告诉亚马逊你已经更换了一个供应商，并且这个供应商和目前的供应商生产产品的目录完全不同。第三步，已经组建了专门的团队检查所有产品可能侵权的行为，并把所有的侵权扼杀在萌芽状态。第四步，已经组织了所有亚马逊相关操作人员去学习了亚马逊的所有政策法规。第五步，会专门组建一个特别团队认真处理所有客户关系到这些侵权的 listing 的问题，并且做到快速响应。第六步，检查所有的在售产品页面，避免任何的侵权可能性在页面上出现，从文字到图片全方位检查。第七步，请专业的团队来做关于版权知识的培训，避免出现任何类型的法律问题。第八步，注册自己的品牌，以后所有销售的产品都会是自己的品牌。第九步，如果以后在上架和运营中遇到一点关于此方面的疑问，都会在咨询亚马逊之后再做下一步的行动。

以上九个步骤，可以让亚马逊相信我们是有诚意的，并且是可以改正的。大多数情况下，亚马逊是会给我们改正的机会的。

以下是一封侵权邮件的模板，作为本书的福利附送给大家（这个邮件模板可真的是价值过万元呢。）

Dear Amazon team,

Thank you for you patient about our issue, we sincerely apologized for any inconvenience we brought to you.

We got to recognize that we made a mistake and may infringe the intellectual property rights of others. When we received your email about this issue we have removed all possible infringing Asins and we will never relist them again. Now we have send an email to ****@XXX.com（权利人邮箱）at（这里写具体日期）plead them to withdraw the complaint and we have to make a commitment to them: we will never upload these items again in the future and to our behavior made the most sincere words of apology, and we also Cc the email to Amazon, but we haven't received any responded up until now. We will keep our eyes on this issue and I hope that we can find an amicable solution to this issue through the consultation process.

We did not mean to sell any of those infringing products. And we removed them at first time. For all complaints, we are appealing now and will provide any document needed.

We did not learn Amazon policy carefully and most of our listings are matching other sellers, we are making our own products, and do not realize these products need approval from brand owner. We are selling our own brand products（品牌名称）.

To avoid infringing other brands, we will take the action below to fix this issue in the future.

1. We have removed all possible listings that maybe infringing others' property. We will not sell self-made products in the future.

2. We will change a supplier for 未来产品销售类目, and will focus on this area in the future.

3. We have already established a 2 member's audit team to check product quality and infringing issue. And also opens a discussion meeting on Infringement products every Wednesday.

4. We will let our operator to relearn Amazon policy carefully, check all prohibit items, and make sure we will not violate any policy in the future.

5. Pay attention to all kinds of patent website all the time for stopping any infringement.

6. We will be very very careful to any customers' complaints in the future and react to them within 12h.

7. For all the products detail page, we will check them carefully and retake all the pictures for our products and make sure they do not mislead buyers.

8. We don't know it has been infringed because we think that it is a common

Because of our poorly understood of toys alike, we will hire some related professionals and markers to train us. The training contents include brand knowledge, patent design and product appearance etc.

9. We will build up own brand and registered trademark. Our store will also mainly sell our own trademarks and logo brand products recently to protect intellectual property.

10. For the new products to be sold in the later period, if there is any uncertain information, I will consult with amazon immediately and will not blindly sell the products.

Please give us a secpnd chance to serve customers in 具体国家. Thank you!

这就是结合前面的思路书写出来的一封可以让亚马逊允许你重新审查你的行为及考虑给你开放销售权限的邮件。当然，一封邮件可能并不能让你的账户完全解封，亚马逊还需要你提供资料和计划，请按照亚马逊的要求提供它所需要的资料，至于计划，只需要把邮件里提到的计划换种说法再说一次就可以了。

第 13 章

花边系列知识：KYC/VAT/品牌/UPC/收款/Amazon Business

亚马逊账户周边有很多知识需要了解，接下来，就把这些边边角角都梳理一遍。

13.1 KYC 审核

做亚马逊欧洲站离不开 KYC 审核，很多卖家经常会惧怕 KYC 审核，以为这是一个非常严格的审查制度，其实不然。只要资料备齐全，KYC 一点都不难。

13.1.1　KYC 审核及审核所需材料

很多卖家都搞不清楚这到底是什么审查。KYC 的全称叫作 Know your Kyc，全称是 Know your Customer，翻译过来就是“要搞清楚你的客户”。这个“你”在这里指的是亚马逊，“客户”指的就是卖家。这个审核是欧洲反洗钱组织为了防止腐败而推出的一个基础制度，强调对账号所有人的身份进行审核。

KYC 要求任何金融机构都要实行账户实名制，了解账户的真实所有人和交易的真实收益人，还要求对账户所有人的身份、常用住址或企业所从事的业务进行充分的审核，并采取相应的措施。在亚马逊上，当你的账户销售金额超过 15 000 美元时就会触发 KYC 审核。

KYC 审核所要的资料看似比较烦琐，但若认真准备的话也并不复杂。另外需要特别说明的是，KYC 审核所有的资料都必须是原始资料，不能有任何的 PS 痕迹，甚至通过合并的手段把两份资料合并成一份都是不允许的。以下是 KYC 审核所需要的所有资料。

- 公司营业执照扫描件。请注意，最好同时提供正本和副本，并且扫描一定要清晰，千万不可以模糊。
- 公司主要联系人及受益人（受益人是指在公司中占有股份等于或超过 25%的自然人或法人）的护照扫描件（如无护照，可用身份证加户口本替代，身份证正反面和户口本本人页扫描在一页上）。如果受益人是另外一个公司的法人，并且也开设了亚马逊账户，最安全的方法就是使股份占比低于 25%，这样就不用被审核了。
- 公司账单：最近 90 天内的任意一张公司日常费用账单（包括水、电、燃气、网络、电话社保、银行对账单等；必须由正规机构（公用事业单位、银行等）出具；账单上需有公司名称和详细地址，公司名称和地址应和营业执照上一致。如果卖家运营地址在他处，账单上地址应是实际运营地址。使用内地公司注册欧洲站的卖家无须提供此账单，但使用中国香港、中国台湾公司注册的卖家需要提供此公司账单。如果卖家实际运营地址在内地，账单上的地址也应是卖家的内地实际运营地址。
- 个人费用账单：最近 90 天内的任意一张主要联系人和受益人个人日常费用账单（日常费用包括水、电、燃气、网络、电视、电话、手机等费用账单和信用卡对账单等；必须由正规机构（公用事业单位、银行等）出具；账单上需有姓名和家庭详细居住地址；如果该账单在配偶名下，需同时提交结婚证证明；如果账单在房东（需为公司）名下，需有正规的房屋租赁合同来证明其中的关系。

- 公司银行对账单：请开立一张公司对公的银行对账单，任意银行皆可。账单要求：① 要有公司名，和营业执照上公司名一致；② 要有银行名或 Logo，要清晰可见；③ 必须要有在该行开户的银行账号；④ 账单如有日期，要求开立日期在 180 天内，无日期亦可接受；⑤ 卖家出于保密需要，可遮蔽有关流水往来的记录。
- 用于收款的境外银行账户。建议卖家使用公司对公账户或者公司受益人的个人账户作为收款账户。我们可以接受开户地在美国、英国、欧盟各国及澳大利亚等银行账户作为收款账户，开户地也可以在中国香港。也接受像 payoneer 或者 World First 这种代办的境外卡。

13.1.2　KYC 的审核流程

当账户需要进行 KYC 审核的时候，在你的后台首页将会显示如图 13-1 所示的文字。

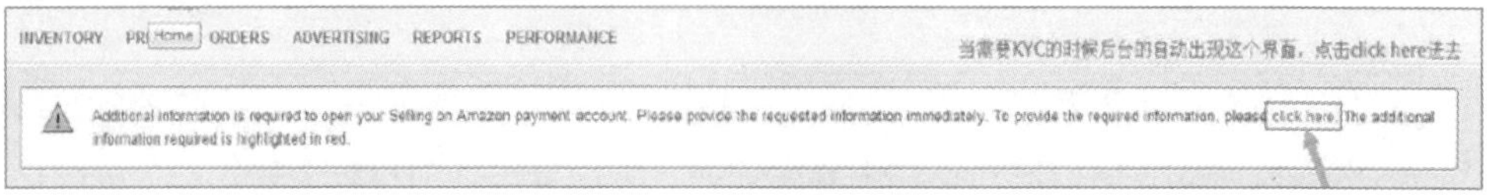

图 13-1　KYC 审核开始

这时，点击 Click here 进行审核。审核前，请准备好上一节中提到的所有资料。如图 13-2 所示，点击之后来到开始提交审核的页面来上传资料。

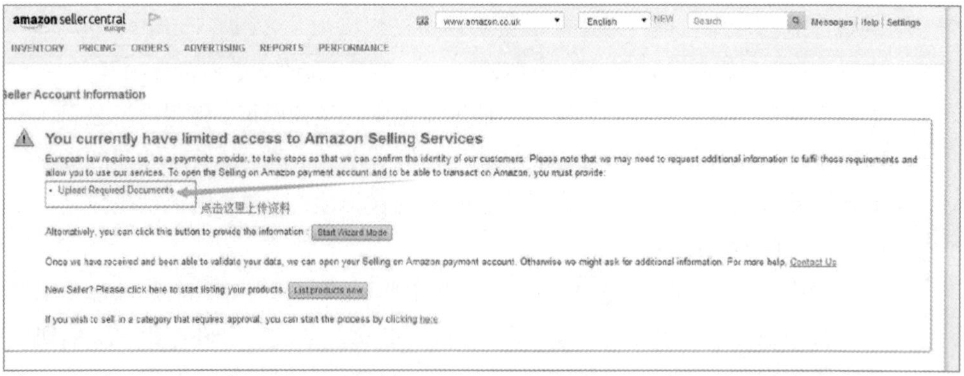

图 13-2　开始上传资料

点击上传资料之后即可来到正式的上传页面，如图 13-3 所示。图中标注了每一处该上传哪一种文档。

图 13-3　上传资料页面

接下来需要一一点开进行文件的上传。我们就拿营业执照上传的页面来做一个展示，后面的所有页面上传都是一样的方式，如图 13-4 所示。

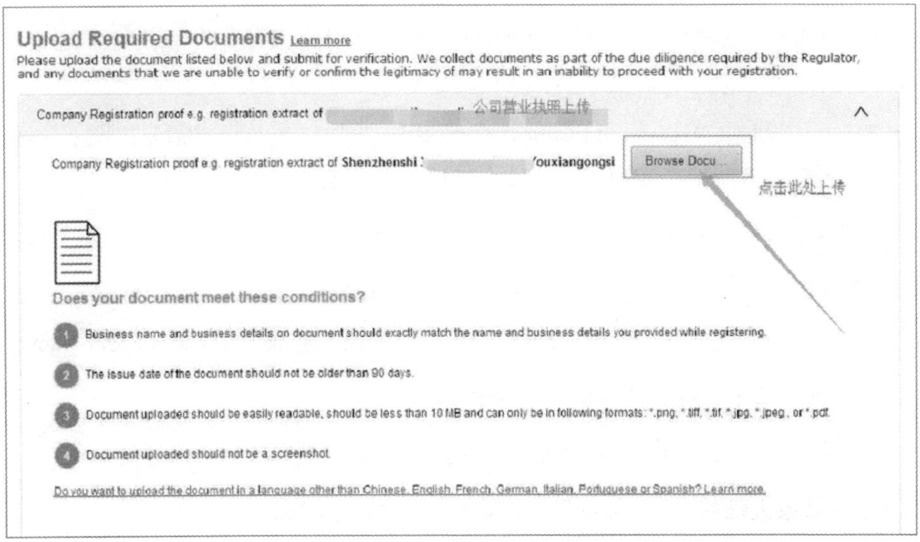

图 13-4　具体资料上传页面

按照这样的方法一一上传所需资料，所有资料上传完成之后，就回到最初上传的页面，点击 Submit for Verification，开始正式上传刚才所有的资料，如图 13-5 所示。

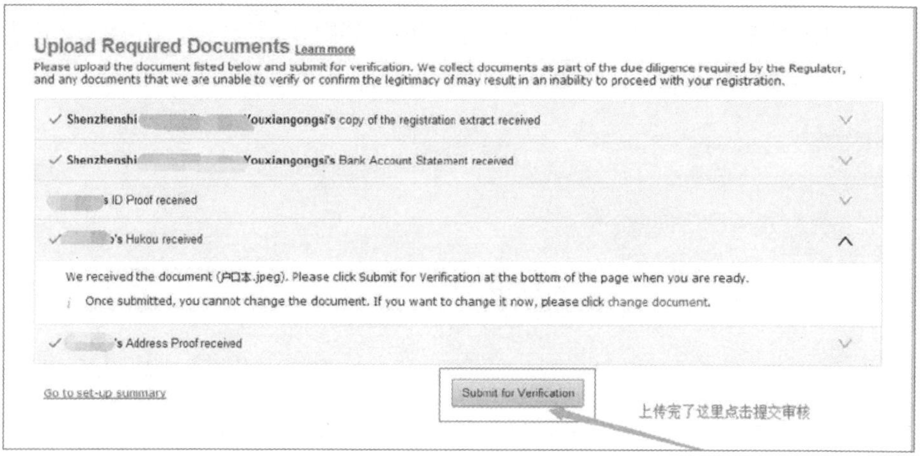

图 13-5　正式上传资料

以上就是卖家完成 KYC 审核的整个流程，下面是文字版的详细说明资料。

1．公司信息（Company information）

（1）卖家分类（SellerCategory）：务必如实选择（公司）选项，否则将需要重新注册。

（2）卖家法定名称（Company's Legal name）：填入公司营业执照上的公司拼音名称。

（3）公司地址（Registered business address）：该地址应与公司营业执照上的注册地址完全相符。请使用拼音填写，地址太长的可以在第二行继续填写。

（4）VAT 税号（VAT Registration Number）：国家代码需要填写在税号前，例如英国则添加“GB”。如果尚未申请 VAT 号，则不要勾选。

（5）卖家显示名称（Display name）：指卖家在亚马逊设置的 Store Front Name。

2．信用卡信息（Credit card information）

信用卡（Creditcard）：输入真实有效的信用卡信息，Visa 的卡片最佳。

3．要联系人信息（Primary Contact Person Information）

（1）姓名（First and Surname）：正确填入护照中的名（First name）和姓（Surname），切记要和护照上的拼音保持一致，千万不可想当然地胡乱拼写。

（2）证件类型（Identity Document Type）：目前接受护照；如果没有护照，也可以提供身份证（正反面）加上户口本人页（即含有本人身份证号码的户口页）作为替代。

（3）家庭住址（Residential Address）：填入权益人当前的有效住宅地址（非公司地址），未必要写身份证上的地址。请使用拼音来填写，如果一行写不完则请使用两行来书写。

（4）受益人信息（Beneficial Owner Information）：受益人必须是公司的法人或者股东，即在公司收益分成中占比超过 25%的人。千万不要随意填写，这里的信息是可能随时被验证的。

4．上传材料（Uploading documents）

（1）所有人员的护照扫描件；如果没有护照，可以提供身份证（正反面）加上户口本人页（即含有本人身份证号码的户口页）的扫描件。

（2）工商注册信息（Business registration extract）：公司营业执照扫描件，正本为佳。

（3）中国内地公司需要营业执照；中国香港公司则需要公司注册证明书和商业登记条例。

（4）公司各项费用账单（A copy of business expenses from the followinglist）：水、电、燃气费用账单，固定电话账单，手机话费账单，网络费用账单，公司银行对账单，税务，保险及社保账单等。一般情况下，中国内地公司不需要提供；中国香港注册公司必须提供。

账单要求：90 天以内，公司名称需要与之前录入卖家后台的公司法定名称完全相符。

（5）个人日常费用账单（A copy of household expenses from the followinglist）：水、电、燃气费用账单，固定电话账单，手机话费账单，网络费用账单，个人信用卡账单，税务，保险及社保账单等，以上公共事业单位或者正规单位出具的房租发票也可以接受。如果卖家的个人账单在配偶名下，还要同时提交结婚证。如果卖家的账单在房东名下，需要有正规的房屋租赁合同来证明其中的关系。

账单要求：90 天以内，地址需要与之前录入的主要联系人或受益人的联系地址相符。如果无法提供上述账单，也可以提供该个人的暂住证或者临时居住证。

（6）银行账单（Proof of bank account ownership）：提供公司对公银行账户的银行账单的扫描件。

账单要求：包含清晰的银行 Logo 或银行名称，须印有公司名称和详细的银行账号。公司名称须与之前录入卖家后台中的公司名称保持一致，账号可以与卖家后台的收款账号不一致。

账单可以无日期，但如果包含日期，需要在 12 个月内。如需保密，可自行遮蔽流水往来记录，对公账户的银行开户许可证也可以接受。不接受电子账单，须为纸质账单照片/扫描件。

通过这些资料的详解可以发现，其实 KYC 审核真的不难，最令人头痛的地方可能就是需要准备这些资料，并且不能有任何 PS 痕迹。所以，只要严格按照前面写出的要求，细心提交，就不会有任何问题。毕竟，KYC 审核只是要知道受益人是谁的一个审核，并不是要对卖家设置障碍和门槛。

13.2 VAT 税号

VAT 是所有在亚马逊上做欧洲站的卖家逃不开的一个话题，接下来我们就一起来了解一下 VAT。

13.2.1 什么是 VAT 税号

VAT 的全称是 Value Added Tax，其实就是我们所说的增值税。

所谓 VAT 税号，就是卖家在英国所注册的 VAT 识别码，用它来向英国税务机构缴税。

就目前来说，在亚马逊上，对税号要求最严格的国家就是英国。目前，在亚马逊只要开设欧洲站的卖家必须填写英国的 VAT 税号，因为现在英国是唯一一个强制所有亚马逊卖家必须填写税号正常缴纳增值税的国家。为此，在 2017 年的旺季来临之前，英国还特意召集了亚马逊和 Ebay 开会，强制卖家缴税。下面所有讨论的增值税均指代英国增值税，不涉及欧洲其他国家。

亚马逊对于 VAT 的要求目前来说是：在欧洲站进行售卖就必须填写英国 VAT 账户。否则，随时可能关闭我们的账户。

13.2.2 VAT 税号申请所需资料

英国 VAT 申请所需资料类似于 KYC 审核，需要的资料比较复杂但不难获得。现列举如下。

- 公司的营业执照的清晰扫描件，正本为佳，并且请注意扫描时最好不要出现任何的模糊，否则会被打回。
- 公司法人的身份证正反面，也要清晰扫描，并且最好分开扫描，没有 PS 痕迹最佳。
- 法人的护照首页扫描件。如果没有护照的请使用驾照、结婚照、居住证等证件来代替。
- 法人的房屋租赁合同。这里只需要附在里面即可，承租人是法人，其他内容税务机构不会调查。
- 海外公司 VAT 申请信息服务表，包括法人姓名、出生日期、护照号码、电子邮件地址、手机号、和亚马逊后台填写一致的公司名称、经营模式（Amazon）、商品类型、和亚马逊后台一致的公司地址、公司注册日期、营业执照号码、如果有英国银行账户信息请填写、Amazon 注册邮箱、预计年营收（建议填写 10 万英镑以内）、想要正式开始注册 VAT 的时间及中国的增值税号（如果有的话）等。
- VAT 注册委托书一份，要求是英文的。
- UK HMRC Form 文件，并且需要打印出来，法人用拼音签名。

以上内容就是卖家注册 VAT 所需要的所有文件内容，卖家只要准备妥当之后交给你的 VAT 代理机构即可。

13.2.3　VAT 的申报费、地址费、EORI 申请费

注册 VAT 之后，剩下的就是钱的事了。但凡牵扯到钱的事情都不是什么小事情，所以接下来要介绍几种费用。

- VAT 注册费：这笔费用通常是你的代理商帮助你进行 VAT 注册的费用。
- VAT 申报费：这笔费用通常是你的代理商每季度帮你做账并且帮你申报 VAT 所缴纳的服务费用。
- VAT 地址费：这笔费用是你的税务账单需要寄送的地址所收的费用，大多机构都是终身免费的。
- EORI（Economic Operators Registration and Identification）：指的是企业在欧盟海关所有的经济活动的一个统一识别码，大多数服务公司都是免费帮助申请的。

- VAT 税费：这笔费用是需要根据卖家的销售情况缴纳给英国税务机构的。

13.2.4 VAT 的计算方式

由于英国 VAT 税率比较高，很多卖家都非常关心税费到底如何计算，是否真的要按照 20%缴纳。接下来，我们来说明一下。

英国的增值税有两种模式，一种叫作 Standard Vat，另外一种叫作 Flat Vat。前者的税率是 20%，后者的税率是 7.5%（第一年还有 1%的优惠，所以最低可以达到 6.5%）。

Standard Vat：英国的 Standard VAT 是 20%。通常模式下，在货物清关时使用你的 VAT 税号进行清关，在清关环节缴纳进口关税和进口增值税。在产品产生实际销售后按税局的规定，按季度进行季度申报（首次申报需在初次申请 VAT 之后的第一个月进行申报），在每季度申报的时候货物清关缴纳的增值税可以进行抵扣 VAT 税金。而如果你的当季销售不是很理想，销售额小于进口额，也会产生退税的情况。

Flat Vat：英国税局除了标准的 20%税率，也有一个针对小零售亚马逊卖家而推出的比统一标准低税率的方案 Flat Vat。Flat Vat 税率是 7.5%，第一年有优惠是 6.5%，预估年营业额在 15 万英镑以内的卖家可以申请 Flat Vat。要注意的是，Flat Vat 不可以进行进口增值税的抵扣，也不能退税。

2017 年，Flat Vat 有一个重大调整，之前是要求预估营业额小于 15 万英镑每年才可以申请，但是 2017 年针对已经有 Flat Vat 方案资格的卖家，税务机关在税率上会有比较大的上升，从 7.5%上升到 16.5%。

虽然税率有很大调整，但 Flat Vat 还是不能享受 Standard Vat 的退税抵消政策。这样一来，Flat Vat 就没有任何价格上的优势了。

卖家的货物在经过海关需要填报关税的表格，填写商品成本货值。你在海关填写的商品货值会成为英国税务机构检查你公司是否满足申报 Flat Vat 的凭证，也就是说你不用自己 VAT 号清关或者在海关时候低报货值。这种情况要小心，税局可能会将你的 Flat Vat 税率从 7.5%上调到 16.5%，并且不给你享受各种退税优惠。税局会经常不定期地对 VAT 方案进行调整，做欧洲亚马逊的卖家尤其需要特别关注。

接下来，我们来演示一下商品在不同税率下的税费计算方法，希望大家能够明白自己到底该选择何种税率。

1．Standard VAT

我们假设这笔货物是从深圳出发的 3C 数码用品，关税税率是 2%，总体货值是 600 英镑，销售价是 1 000 英镑，头程费用是 100 英镑。

从国内到英国海关需要缴纳的费用是进口关税以及进口增值税。计算方法如下：

进口关税=申报价值×进口税率=600×2%=12（英镑）

进口增值税=（申报价值+头程运费+进口关税）×20%=（600+100+12）×20%=142.4（英镑）

总计向海关缴费=12+142.4=154.4（英镑）

产生销售时，我们的产品销售价为 1 000 英镑，我们需要缴纳的税率计算如下：

市场销售价格=未税商品价格+未税商品价格×VAT 税率=833.33+833.33×20%=1000 英镑

VAT 税费=未含税价格×20%VAT 税率=833.33×20%=166.66（英镑）

在标准税费情况下，我们是可以申请退反海关缴纳的增值税费的，所以此处我们最终缴纳的税费是：166.66-142.4=24.26（英镑）

我们总计缴纳的税费则为：12+142.4+24.26=178.66（英镑）

2．Flat VAT

我们假设这笔货物是从深圳出发的 3C 数码用品，关税税率是 2%，总体货值是 600 英镑，销售价是 1 000 英镑，头程费用是 100 英镑。

从国内到英国海关需要缴纳的费用是进口关税以及进口增值税。计算方法如下：

进口关税=申报价值×进口税率=600×2%=12（英镑）

进口增值税=（申报价值+头程运费+进口关税）×20%=（600+100+12）×20%=142.4（英镑）

总计向海关缴费=12+142.4=154.4（英镑）

产生销售时，我们的产品销售价为 1 000 英镑，我们需要缴纳的税率计算如下：

消费 VAT=市场销售价格×Flat VAT 税率（假设是第一年的最优惠税率 6.5%）=1 000×6.5%=65（英镑）

所以，当我们的产品在产生销售的情况下，如果选择 Flat VAT 需要缴纳的税费则为 65 英镑。

清关加上销售后的税费总计为：12+142.4+65=219.4（英镑）

从这里可以看出，选择 6.5%的低税方案之后，实际缴纳的税费是 219.4 英镑，比选择标准交税方案的 178.66 英镑还高出了 40 英镑以上。更不用说当我们的税率按照 7.5%收取或者被税务机构查到了按照 16.5%进行收取的情况了，那个费用将会更高。

所以要慎重选择税费，在税务申报之前弄清楚到底进行哪种税率的核算，否则，误选了不适合的税率之后，那可真是哑巴吃黄连——有苦说不出。

13.3 注册品牌在亚马逊的重要性

在很多卖家看来，注册品牌是一件遥不可及的事情。很多卖家认为自己卖的就是普普通通的产品，完全没有必要注册一个国外的品牌，那是一种资源的浪费。所以，很多人忽视了自己的品牌，以至于被一些别有用心的人钻了空子，把品牌抢注下来再来要挟我们，进行敲诈勒索。为了避免这种情况出现，品牌的注册是一件刻不容缓的事情。

13.3.1 品牌注册与品牌备案

对于亚马逊来说，有品牌就是对我们产品的一个极大保护。所以，凡是准备销售的国家，都要注册品牌，一来可以防止跟卖，二来可以打造自己的品牌效应。所以，做亚马逊的卖家应该注册的品牌包括美国、英国、欧盟、日本及澳大利亚等几个主要销售区域。另外，在加拿大和墨西哥如果做得好，也可以考虑注册品牌。

做亚马逊，卖家有了品牌都希望能够在亚马逊进行备案。那么，亚马逊对品牌备案有哪些具体的要求呢?

首先，你的商标需要是 R 标。在 2017 年 4 月之前，亚马逊还可以接受商标受理回执备案。但是在亚马逊品牌备案 2.0 开启之后，受理回执无法在亚马逊进行成功备案。如果需要备案，则必须拿申请下来的 R 标进行备案才可以被接受。

R 标的注册时间为 6～12 月，每个国家不等，但都比较长，所以请大家早做准备，并且找靠谱的机构注册商标。有些商标注册机构为了利益，在商标注册过程中不断收费，坑害了无数商家。所以，大家在注册商标之前可以找懂行的人咨询一下，以避免被坑。

其次，你的商标所有人必须和亚马逊后台的信息保持一致。例如，A 公司注册了亚马逊，如果想要进行商标备案，商标的注册信息也必须是 A 公司，并且公司名称和地址都需要和亚马逊后台保持一致。如果亚马逊账户是个人注册的，那么商标也必须属于对应的个人。非本人或者本公司商标只能用于授权，不可用于备案。

在亚马逊备案，需要品牌官网或者至少要提供卖家的社交首页。

13.3.2　如何选择适合自己的品牌

选择品牌不能随便选，否则可能会涉及侵权而无法注册。所以卖家注册商标，首先要去美国商标局网站 www.uspto.gov 进行查询，在没有近似的或者相同的商标时才可以进行下一步注册。

在商标名的选择上，首先不要盲目地模仿大牌，这样很容易无法通过。其次不能选择一些通用型的词汇，比如"sport""flower"等，这类词汇是不可能通过注册的。最后，不要选择一些非常热门的单词，比如"hello""welcome"等，这样注册商标都是不可能通过的。

所以，选择商标时应尽量选择一些有个性的、能够区别于别人的商标的字母或者数字组合，个性化在商标注册时是很重要的一个要素。

那么，品牌注册对于亚马逊来说究竟意味着什么呢？第一，如果卖家注册了品牌，可以有效地投诉跟卖，稳固卖家的购物车获得率。第二，亚马逊的客户群体偏向美国中产家庭，这类人群在消费时并不会全看价格，亚马逊本身也比较注重品牌的概念，所以有品牌账户的权重也会高一些。

13.4　UPC

简单来说，其实 UPC 就是我们可以识别的商品的二维码，相当于一个商品的身份证。超市里所有商品都是通过二维码来识别的。

Universal Product Code（商品通用条码）是 UPC 最正规的解释，即商品统一编码，每个商品的 UPC 在全球都是唯一存在的。

1. UPC 有官网吗，官网卖 UPC 吗

www.gs1.org 目前可以理解为 UPC 的官网，但遗憾的是，它本身不卖 UPC。如果需要，可以向该组织申请。以下是该组织在中国的联系方式，GS1 China：

4-6th Floor, Wing B, Imperial International Bldg - No 136 Andingmenwai Street

Dongcheng District, Beijing, P.R.China

100011 Beijing

China

Phone: + 86 40 0700 0690

Website: www.gs1cn.org

Email: info@ancc.org.cn

2. 免费的 UPC 生成器靠谱吗

众所周知，UPC 其实就是一个数字条码，理论上来说我们是可以自主生成的。但这样生成的条码其实就是一种造假，这种 UPC 很可能和别人已经存在的 UPC 相同。所以卖家最好不要使用，一旦被亚马逊发现 UPC 造假就会直接删除卖家 listing。一个 UPC 没多少钱，但打造一个 listing 要花费不菲，没必要为了那一点点钱而冒险。而且在 2014 年，亚马逊曾经严厉整治过一批 UPC 造假行为，下架了许多 listing。为了省几角钱而导致自己的产品被下架，这种行为得不偿失。

3. UPC 证书和 Attribute 是什么

UPC 证书指的就是可以证明这个或者这些 UPC 属于某一个机构的证明文档，而 Attribute 值是我们可以对新的 UPC 进行定义的。可以通过定义让 UPC 真正属于你的产品，可以定义的包括 UPC 所属的产品名及各类产品属性。

13.5 市面上既有收款方式比较

目前，市面上有很多可以在亚马逊进行收款的方式，但由于各家公司标准不一样，并且还有各种隐性的费用无法从页面上看出来，为了方便大家清晰地看出每种收款方式的利弊，笔者梳理了几种收款方式，如表 13-1 所示。

表 13-1　各个不同收款机构对比

	World First（WF 卡）	Payoneer（P 卡）	SKYEE 收款易	PingPong
背　　景	英国传统收款企业，提供多平台多币种支持的收款方式	Payoneer 是 Amazon 官方推荐的收款方式，提供全球支付解决方案，可以收发欧美电商平台和企业的贸易款项	广东省支付十强。广东省重点扶持创新跨境收款企业	杭州综实办扶持的跨境收款企业
申请资质	公司申请	公司、个人均可申请	公司申请	公司申请
收费条款	WF 入账免费，只有 1%的提现费率，日元、加元是 1%～2.5%的汇损	1.2%（包括所有费用）	0.5%	1%，月度营业额高于 10 万美元可联系官方商榷
汇率参照	不公开	三点前按照前一天中行的现汇买入价结汇，三点后按照当日现汇买入价	到账当天 10 点中行现汇买入价	实时中行现汇买入价
提现时效	新用户默认开通“第二天人民币到账”功能（建议在工作日时间下午 2 点半之前转款）	1～2 个工作日到账	1 个工作日	1 个工作日，最快可以 2 小时
支持币种	美元、英镑、加元、日元、欧元	美元、英镑、加元、日元、欧元	欧元、美元	欧元、日元、美元
安全性	接受英国、美国政府监管，也接受中国香港监管	接受美国、欧洲双方政府监管	接受美国、德国政府的监管，也接受中国香港监管	接受美国政府的监管

13.6　Amazon Business

Amazon Business 是近年来亚马逊大力主推的一个项目。亚马逊推广这个项目，旨在吸引那些工厂制造商的卖家进入亚马逊，同时吸引一些企业批发商在亚马逊采购，箭头直指阿里国际。

13.6.1　Amazon Business 的入驻要求

“Amazon Business”中国卖家招募计划专为中国的制造商、大型贸易商打造。无论何种类型的企业，都可以经由该计划获得机会将产品销售给境外企业及机构买家，拓展海外销售渠道，打造全球品牌。

Amazon Business 的入驻要求，从绩效方面来说，Amazon Business 对于卖家的审核颇为严格，各项绩效的基本要求都是普通卖家的两倍以上。ODR 对于 Amazon Business 卖家的要求是不高于 0.5%，发货前取消率不高于 1%，迟发率不高于 2%，这些方面的要求都是两倍于亚马逊平台的普通卖家的。

从卖家资质来说，Amazon Business 项目组列出的资质也是比较严苛的，任何进驻 Amazon Business 项目的卖家必须具备国际质量管理体系认证审核颁发的有效 ISO9001 质量标准认证。生产厂商需提交自营工厂 ISO9001 质量管理体系认证，贸易服务商必须提交代工产品工厂的 ISO9001 质量管理体系认证。

除了以上 Amazon Business 的招商门槛要求之外，Amazon Business 项目组将通过以下四个维度对卖家进行择优筛选。

- 公司资质：卖家是否具有销售目的国的注册商标，或者是否属于传统制造类厂商，或者是否有国内知名品牌的代工厂业务。
- 产品能力：卖家是否符合销售目的国相关产品的相应生产管理标准，是有绿色环保认证。
- 团队能力：企业是否具备在销售目的国设立售后服务中心的语言能力和相应计划，并且其自身员工是否掌握目的国语言。
- 研发能力：卖家是否有独立的产品设计或产品研发中心，并在销售目的国拥有专业销售团队和仓储能力。

除了企业需要满足 Amazon Business 项目组制定的一系列硬件标准以外，产品也是需要满足销售目的国的各种法律法规或生产及检测标准。所以，项目组要求企业熟悉出口到销售目的国产品生产要求及测试标准，具备专业出口产品测试设备及相应团队。

13.6.2　什么样的卖家适合入驻，收费标准是什么

就目前亚马逊的要求来说，适合入驻 Amazon Business 项目组的企业类型如下：

- 制造类企业，Industrial Manufacturing。
- 科技类企业，Technology。
- 科教类企业，Education。
- 商业服务类企业，Business Services。

- 医疗保健类企业，Healthcare Services。

Amazon Business 项目的收费分为两部分，第一部分是月租，就是专业卖家的月租，不需要额外缴纳，和我们专业卖家账户算一份月租，每个月共计收取 0.99 美元或者等额目的国货币。

另一部分是销售佣金，如表 13-2 所示，这里总结出了目前可售类目的销售佣金比例。

表 13-2　类目佣金比例

品　类	销售佣金	适用的最低销售佣金	销售佣金比例
电视/音响	• 对于总商品价值中未超过 1 000.00 美元的任何部分，按 8%收取费用 • 对于总商品价值中超过 1 000.00 美元的任何部分，按 6%收取费用	1.00 美元	8%
办公用品	• 对于总商品价值中未超过 250.00 美元的任何部分，按 15%收取费用 • 对于总商品价值中超过 250.00 美元的任何部分，按 10%收取费用	1.00 美元	15%
家居装修	• 对于总商品价值中未超过 1 000.00 美元的任何部分，按 15%收取费用 • 对于总商品价值中介于 1 000.01 ~ 3 000.00 美元的任何部分，按 10%收取费用 • 对于总商品价值中超过 3 000.00 美元的任何部分，按 6%收取费用	1.00 美元	15%
基础设备电动工具	• 对于总商品价值中未超过 1 000.00 美元的任何部分，按 12%收取费用（每件商品最低 1.00 美元的销售佣金） • 对于总商品价值中介于 1 000.01 ~ 3 000.00 美元的任何部分，按 8%收取费用 • 对于总商品价值中超过 3 000.00 美元的任何部分，按 6%收取费用	1.00 美元	12%
工业科研用品	• 对于总商品价值中未超过 500.00 美元的任何部分，按 12%收取费用 • 对于总商品价值中超过 500.00 美元的任何部分，按 7%收取费用	1.00 美元	12%

第 14 章

站外推广初步

站外推广的手段很多，本章中列举了几种以帮助大家了解哪些方式最适合自己。

14.1 谷歌推广

谷歌是欧美网民最大的信息入口，迄今为止，很多客户依然非常自然地从谷歌搜索自己想要的产品然后进入自己需要的购物网站上进行购物。从搜索结果也可以看出，如图 14-1 所示，笔者搜索了“Womens Handbag”这个词，可以看到 Amazon 的排名非常靠前，这种情况也体现了非常多的类目，说明亚马逊还是非常注重谷歌的流量的。知道这个情况以后，我们可以利用谷歌做一些文章。

14.1.1 如何利用谷歌推广

卖家用谷歌来推广自己的产品，其推广思路应该是什么呢？大家都知道，在搜索引擎上搜索任何内容出来的结果都是以网站形式呈现的。所以，如果需要在谷歌做推广，卖家就需要一个可供展示的网站。

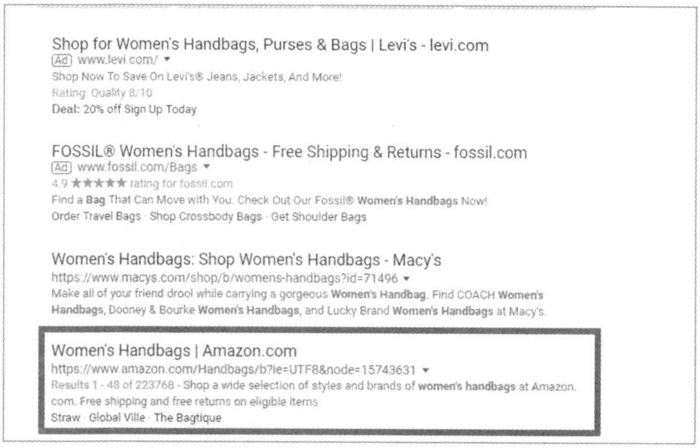

图 14-1 “Womens Handbag”搜索结果

说到这里，可能很多卖家要打退堂鼓了，觉得做网站可能有点难。但是不要灰心，我们可以有变通的方案。除了做一个独立的网站，我们也可以使用免费的独立第三方博客来帮助我们获得搜索引擎的流量。就拿全球范围内使用较广泛的 WordPress 的博客为例，来告诉大家如何获得一个自己的第三方博客站。

第一步，来到 WordPress 的官方网站 WordPress.com，如图 14-2 所示。点击右上角的“开始”按钮，就可以创建属于自己的第三方博客了。

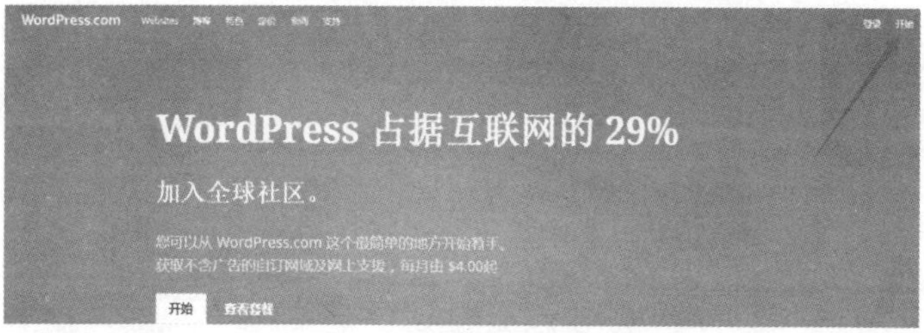

图 14-2 开始创建自己的博客

如图 14-3 所示，会弹出一个博客类型选择页面，卖家可以在四种类型里选择自己喜欢的任意一种。通常，卖家这种推广用博客的形式就可以了，所以这里选择第一种，从博客入手。

第二步，如图 14-4 所示，来到一个给自己的站点起名字的地方，这里可以任意选择一个独立的自己能够记住的名字，或者选择自己产品的核心关键词作为以后域名的组成部分。

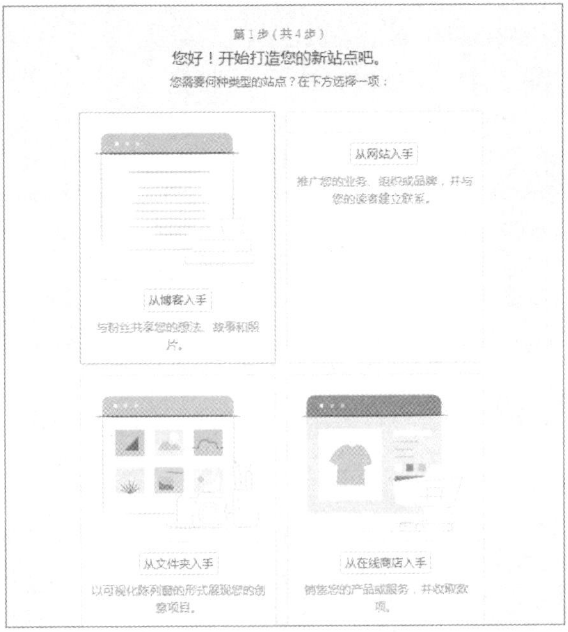

图 14-3　WordPress 可以创建的四种形式

图 14-4　博客第二步

在填好名称之后，WordPress 会推荐使用免费的第三方博客或者购买一个独立的域名来进行建站。如果担心购买的域名不会操作或者只是想先练练手，可以先使用免费的域名。同时，这里的名称是要独立的，不可以和别人重复，太过简单的名称基本上都不会通过。

第三步，如图 14-5 所示，让我们选择适合的套餐，这里还是和上一步一样，选择免费的即可。

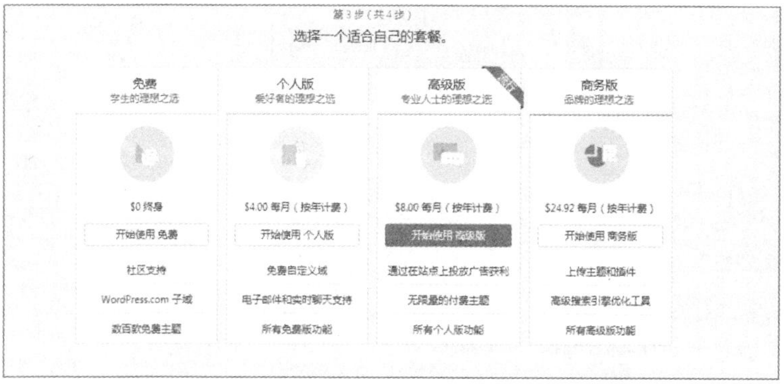

图 14-5　选择免费的套餐

第四步，如图 14-6 所示，这里需要卖家输入自己的电子邮箱、用户名及密码这三个选项来新建账户。关于用户名，页面会根据你之前填写的关键词给出建议。当然，也可以自定义一个和别人不一样的用户名。

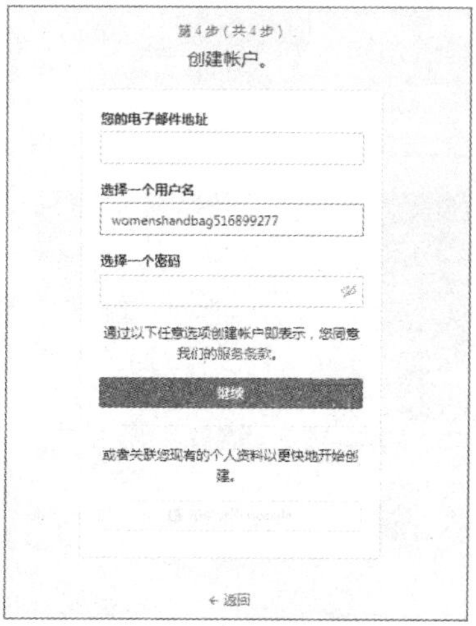

图 14-6　创建账户

当输入完自己的邮箱和设置完博客密码之后，这个博客就算开通了，接下来就来到了如图 14-7 所示的页面，点击“查看我的站点”就可以进入博客页面了。

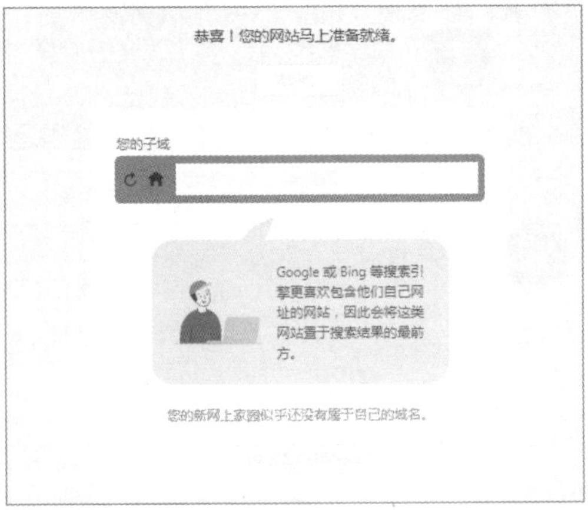

图 14-7　完成页面

完成之后，就来到了如图 14-8 所示的博客首页，域名就是我们刚才设置的用户名 WordPress.com。

图 14-8　自己的博客首页

到这里为止，我们的博客算搭建起来了。如果想要在博客上发表文章，就需要去我们刚才注册时填写的邮箱里点击 WordPress 发送给我们的注册链接。点击“立即确认”按钮之后，博客站就可以开始使用了，如图 14-9 所示。

图 14-9　点击“立即确认”按钮

现在来到我们的博客页面，可以进行文章的发布和编辑了，如图 14-10 所示。在此页面上，有两个位置可以添加新文章。标注点击之后，就可以创建我们的新文章了。

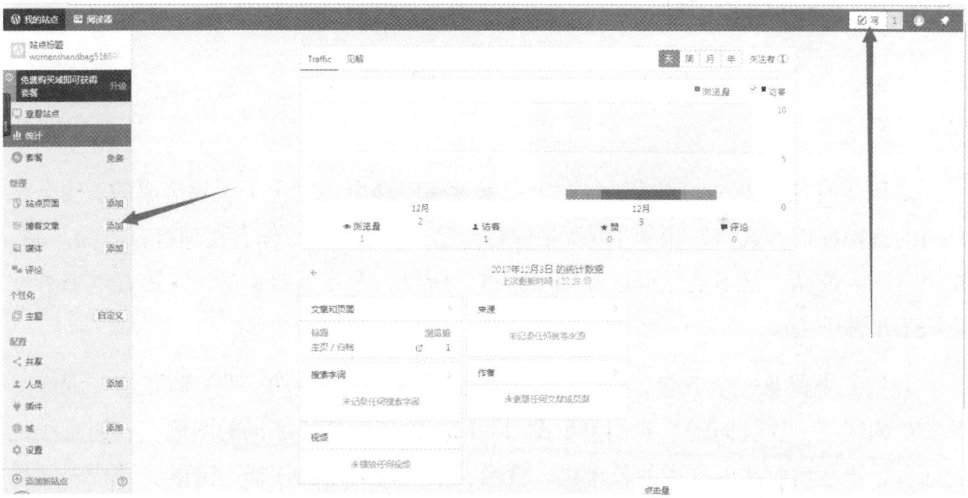

图 14-10　创建新文章

点击图 14-10 中任意一个位置，都可以来到如图 14-11 所示的编辑页面，输入文章的标题和内容之后，就可以开始创作我们的文章了。

到这里为止，就是如何使用 WordPress 来创建我们的网站及文章的过程。后面在讲到具体的功能应用时再做详细介绍。

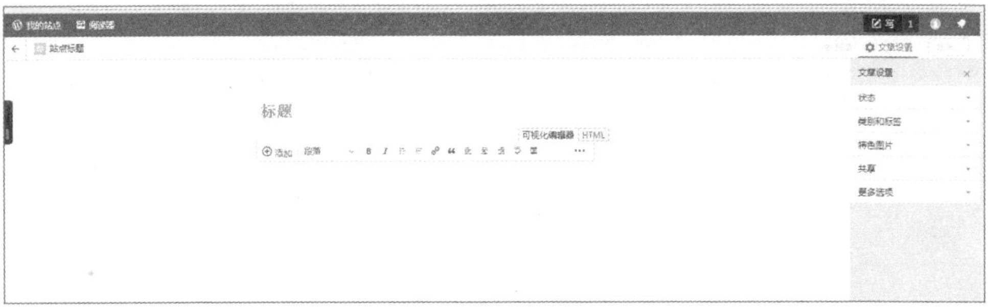

图 14-11　开始创作文章

创建一个网站只是做推广的第一步，接下来又该做什么呢？

很显然，想要让客户搜索到我们的网站，就需要推广我们的网站。这个推广的过程是大家所不熟悉的，接下来对此稍做介绍。

14.1.2　如何自己推广

谈到推广，肯定有很多卖家觉得很难。会想“我从来都没有做过推广，怎么可能会呢？”

之所以有这种畏难的想法，是由于卖家对推广这个词完全不了解造成的。接下来介绍的这种推广方式，唯一的门槛就是你对自己产品的理解，你直接理解自己的产品，吃透自己的产品，就不会觉得这种推广很难。所以，千万不要畏难，应跟着本书的做法一步步做下去。

我们先来普及一个概念，长尾词。所谓长尾词，说得生动一些，就是这些词像一条长长的尾巴一样。何解？我们来看图 14-12，这是一个长尾词的图例。我们看浅色的部分，就是我们这里所说的长尾词，就像一条长长的尾巴一样，这里 *Y* 轴代表的是搜索次数以及对应难度，而 *X* 轴代表的是词的数量。

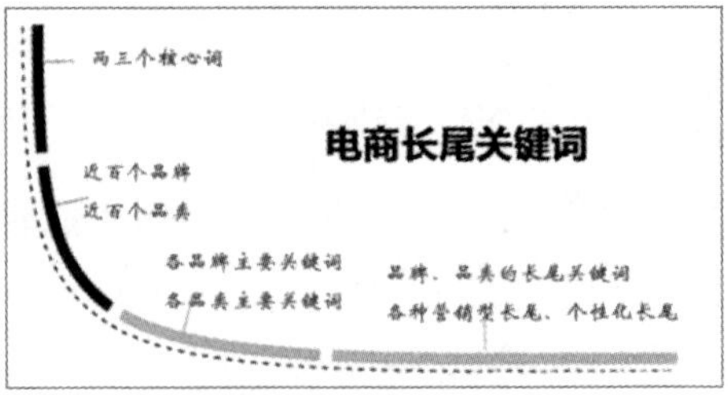

图 14-12　长尾词理论

从图 14-12 中可以清晰地看出，哪些核心关键词的数量少、优化难度大。作为新手卖家，是不可能优化上去的。所以，我们应该关注的正是那些搜索数量不大，但是词的数量很大，并且优化难度较低的关键词。

大家不必担心这些长尾词能否带来流量，我们可以通过下面的举例来了解流量，它并不一定要多，精准才是最好的。

如图 14-13 所示，客户搜索了一个长尾词 womens handbags fit for red dresses。这个客户想买一个包来搭配她的红色裙子，但是，我们可以看图中显示的搜索结果，并没有任何一个搜索结果可以告诉客户答案。那么这时候，如果你写了一篇文章来告诉客户一条红色的裙子该如何搭配背包，客户必然会选择你的网站来查看。如果你的文章给了她足够的购买理由，她必然会去点击你文章里的购买链接进行购买，而不是继续犹豫着查找下去。

但要注意的是，我们这里给出的购买理由必须是专业并且合适的，不能“为赋新词强说愁”，明明不合适但是为了推广、为了销量强行告诉客户合适，那样也是没效果的。就算客户听信了你的话而买了产品，发现收到不合适的产品时还是会退换货的。

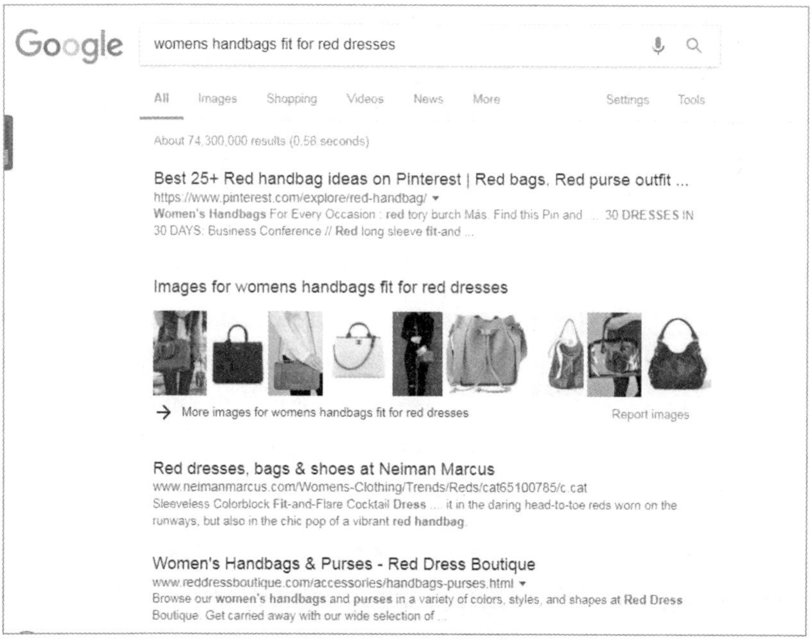

图 14-13 长尾词搜索结果

但也会有人担心一些问题，第一个问题，写好文章，如何推广才能让客户看到呢？我们可以看刚才的搜索结果，事实上没有任何一个人是你的直接竞争对手，没有任何一个页面在讨论这个问题。如果只有你的一个页面在讨论这个问题，你的页面就是最符合客户的搜索需求的，谷歌自然就会把你的页面作为最匹配的结果呈现给客户。

第二个问题，搜索这些词的人很少，写了有什么用呢？首先，要明白这种词虽然搜索客户少，但是精准度非常高，搜出这样词的客户必然是对这个包有强烈的购买需求的。所以，虽然少，但是精准，这不就是我们所需要的吗？其次，如果你担心人数的问题，我们来看另外一个例子，如图 14-14 所示。

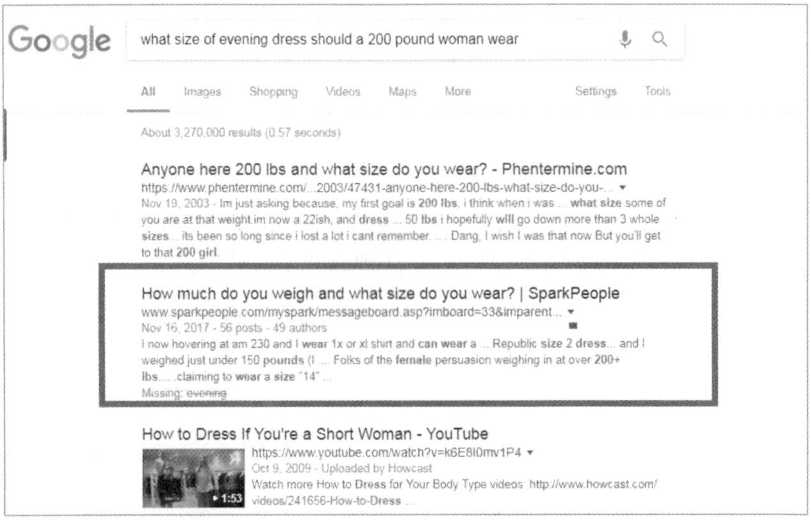

图 14-14　长尾关键词的数量

这里用了另外一个搜索词来进行展示：what size of evening dress should a 200 pound woman wear。我们来看第二个搜索结果，虽然这个词算是非常长的词，但我们依然能看到这个帖子里有很多人在讨论多少磅的人该穿多大码的衣服。试想一下，如果你告诉客户她想要买的裙子你这里有，并且你直接告诉她 200 磅，身高多少，应该穿多大尺码，那么她会不下单吗？不下单的话她可能找不到第二个更合适的内容了。

我们依然还是没有解决数量的问题，长尾词之所以尾巴很长，最主要的原因就在于数量众多，如果我们再把里面的体重数字换一下呢？把服装类型再换一下呢？是不是就能组合出来无数的关键词？这样你还担心关键词数量的问题吗？

所以，只要你能非常了解自己的产品，就会对产品的参数了如指掌，同时也会对客户的痛点和需求了如指掌。做这样的内容，对你来说，一天一篇并不是难事。如果你可以坚持三个月，就会有将近 100 篇这样的内容，这些内容每天都能给你带来精准的客户，你还觉得你的产品会推广不出去吗？

你需要做的就是在一篇文章里写出不同客户的不同需求，剩下的就是坐等客户上门了。如果你一直坚持做这件事，一年下来，你的粉丝量也会很可观了，也就有了源源不断的客户群。

通过上面的例子可以看出，每个长尾词可能每天被搜索的次数很少，但是精准度很高。你可以通过拓展，极大地扩展出你的关键词，而且这些客户的需求对你来说想获取其实也非常方便，亚马逊的热卖产品下面都有很多 Answered Questions。这里面所记录的都是非常真实的客户需求，你可以从这里找到灵感，创造出你的长尾关键词和页面，然后把你亚马逊的链接贴在文章里，就可以不断地给自己带来流量了。

现在，你还觉得这个站外引流的方法很难吗？任何一个人只要认真地去学习产品、分析客户，都可以做出很多页面来吸引客户。但是，这个事情的难点之一在于产品，难点之二就在于卖家自己的执行力了。因为这个方法的操作非常需要细心和恒心，所以可以说赢在执行！

所以，一个并不需要太多高超的技巧和华丽的操作的方法，如果我们执行到位，就一定可以获得成功。让我们从每天写一篇文章做起。

14.1.3　如何利用 Amazon Affiliate 来赚自己的钱

一定会有人觉得这个标题匪夷所思，赚自己的钱？这种事情有意义吗？有的，其实这里“自己的钱”指的是我们交给亚马逊的佣金。我们可以通过合理的推广，把我们交给亚马逊的佣金合理地赚回来一部分。

想要达到这个目的，首先需要了解一个项目——Amazon Affiliate，这个项目有些类似我们国内的淘宝客。我们可以通过这个项目来申请推广链接，然后进行推广。只要客户通过我们的推广链接下单，我们就可以获得返佣。所以，这种方式就叫作赚自己的钱。

其实我们可以把这些返佣理解成缴纳的 Amazon Fee 一部分，可以通过这种方式把我们的 Amazon Fee 赚回来一部分。接下来，先讲解一下 Amazon Affiliate 的注册流程。

注册这个项目的网址是：http://affiliate-program.amazon.com/。在注册之前，先来探讨一下注册原则。这个网站是亚马逊旗下的类似分销平台，卖家可以在这里注册账户来分销自己的或者别人的产品。但是，由于很多时候的分销是为了推广自己的产品，如果你有多店铺在运营或者你准备利用这些链接做一些测评，那么建议不要使用卖家的网络环境来注册。为了避免嫌疑，我们注册这个账户时尽量选择和我们的卖家不一样的环境，比如通过网吧或者外面的公共网络来注册，以免和自己的账户关联上。

第一步，注册亚马逊这个项目的前提是你要有一个自己的网站或者博客，前文已经讲过如何注册博客，我们这里就可以直接使用博客来进行注册。点击网址进入如图 14-15 所示的页面。这时可以点击上方的 Login，用我们的 Amazon 账户登录或者选择 Join Now for Free 进行登录或者注册，登录可以使用我们的买家账户，如果没有，直接选择注册即可。当然，这里不建议使用自己的买家账户来注册，建议使用新建账户。

图 14-15　注册 Affiliate 页面

第二步，点击 Join Now for Free 进入如图 14-16 所示的页面。如果有自己的账户，可以登录；如果没有，则点击下方的 Create Your Amazon acount 后输入自己的姓名、邮箱和自己想设置的密码。

第三步，填写注册信息。如图 14-17 所示，这里需要填写亚马逊注册时必填的一些信息，一定要认真填写，避免错误。

图 14-16　开始注册页面

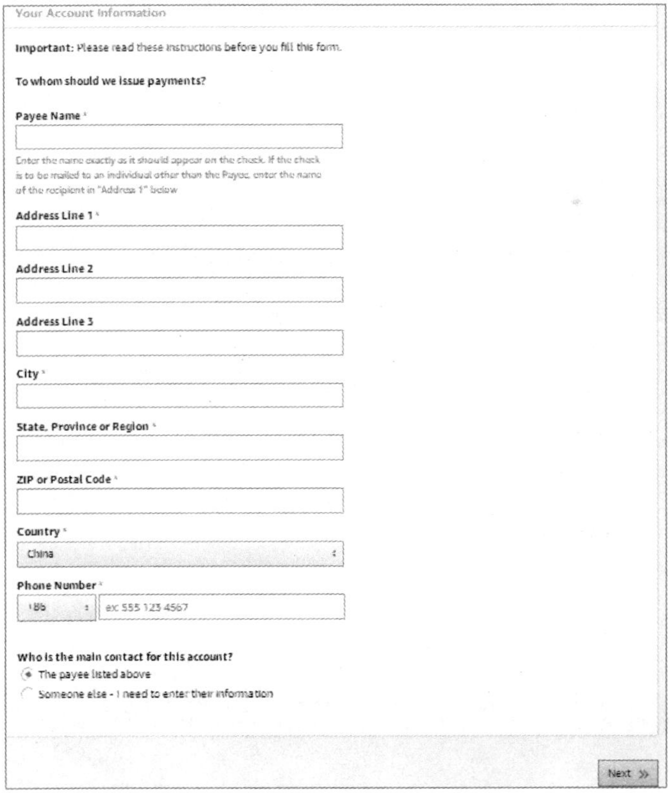

图 14-17　注册第一步

因为这里牵扯到的是卖家的收款问题，如果你随便填写一个地址，后面又需要支票来收款，那么你的支票就会被寄往你填写的那个地址，你的钱也就会被寄到别人的手上。

当然，也可以选择别的收款方式，支票只是其中一种，另外还有两种收款方式，后面会提到。

填写姓名和地址的时候，建议用完整的拼音填写就可以了，没必要刻意把姓名颠倒。一是为了以后亚马逊万一对你提出真实性审核比较方便过审；二是正如前文所提到的，如果你选择了使用支票来接受付款，亚马逊给你寄支票的时候邮递员不一定能看得懂你的英文地址，也可能会导致你的支票丢失。所以，最保险的方式永远都是拼音，对自己、对别人都比较保险。

比如，需要填写内容为江苏省南京市建邺区黄山路 108 号**小区 18 栋 808 室，我们就可以写作：jianyequ，huangshanlu108hao，**xiaoqu，18dong 808shi. 这样用全部拼音书写就可以了。注意省份和城市是有专门的地方填写的，不需要写在这里。当然，如果你的英文非常棒，并且不需要通过支票来收取款项，就可以使用。另外最后的 Who is the main contact for this account，请确认选择的是 The payee listed above（这个就是支付的地址），这里不要随便填写以免发生不可预知的错误。

第四步，填写推广信息，如图 14-18 所示，这里填写你的网站或者你的 APP，并且选择你的网站是否对 13 岁以上的人群开放，这里选择 NO。

图 14-18　填写推广信息

点击 Confirm 之后，进入下一步的资料填写。

第五步，如图 14-19 所示，告诉亚马逊关于我们的网站，这里需要填写一个 ID（可以自行编辑）以及各种类型的网站信息。

图 14-19　网站介绍

第六步，在如图 14-20 所示的页面中填写自己身边的手机号并点击 Call me Now 接着就会接到播报验证码的电话。当你接听电话时，电话里会给你播报验证码，这时候页面上会多出一个输入框，把你收到的验证码填写到输入框里就可以了。接下来点击“Finish”，注册就完成了。

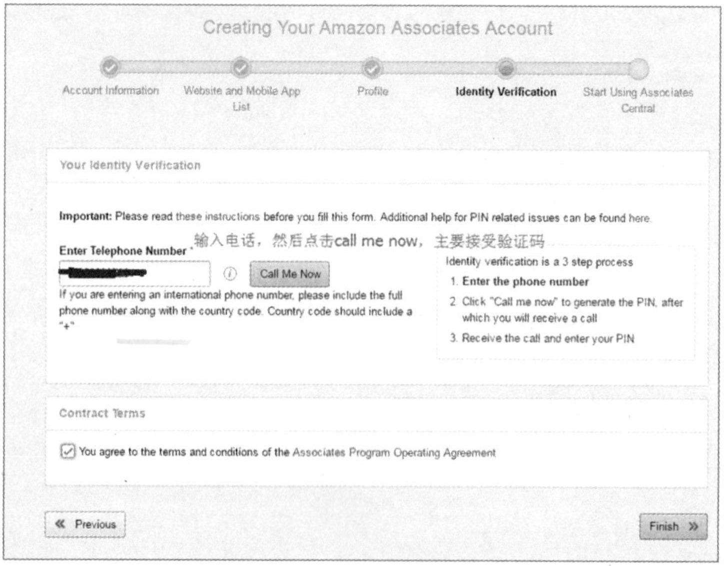

图 14-20　接收验证码

完成这一步以后，就会弹出如图 14-21 所示的页面，告诉我们已经成功注册了。这时如果登录当初注册填写的邮箱，也会看到我们注册成功的通知邮件。

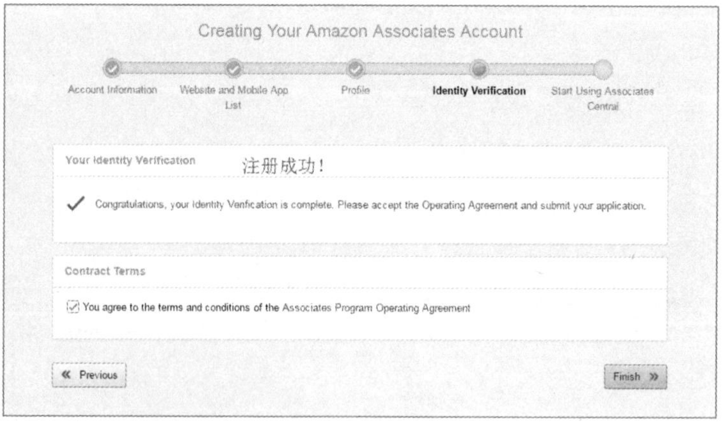

图 14-21　注册成功

接下来，需要在我们的账户内选择收款方式。一般来说亚马逊提供以下三种收款方式。

（1）Amazon Gift Card（Amazon 礼品卡），可以在申请国 Amazon 网站消费。

（2）银行转账，仅限美国银行卡，这里也可以使用 Payoneer 或者其他第三方收款卡。

（3）支票邮寄，全球通用，100 美元起付。当然，你也可以设置其他金额起付（但最低是 100 美元）。

第一种是亚马逊的礼品卡，就等于充值到你亚马逊的账户里。不过这种礼品卡其实就是一个虚拟购物卡，你选择这种收款方式之后，亚马逊会在每期账单出来之后把钱打入你的礼品卡账户，你可以用这笔钱在亚马逊购物或者直接在国内电商平台上进行销售。做这种生意的人很多，你不用担心你的卡卖不出去。

第二种，作为国内卖家，只可以申请 WF 或者 P 卡以及其他类型的收款卡来收款。这些卡之间的比较我们之前也做过，这里就不赘述了。作为亚马逊卖家，这些内容应该是非常熟悉的。

第三种就是支票了，我们可以选择让亚马逊给我们定期寄支票。如果你选择的是支票收款，比如你 12 月底的收款满 100 美元了，那么就会出现在你的 1 月份账单里，2 月底的时候亚马逊就会从美国给你寄支票过来，支票寄到你的手中需要两周左右的时间。选择这种方式的卖家务必保证你的收款人地址填写的非常正确，否则寄丢了支票会很麻烦。收到支票你就可以拿支票去中国银行申请支票托收业务了，完成托收之后，大约需要 3 ~ 4 周的时间钱才会到你的国内账户。提醒一下，这里中国银行是会收取手续费的。所以，支票的方式最不建议使用，收款时间漫长且费用不低。

当完成这个注册之后，获取推广链接的方法就非常简单了，如图 14-22 所示，只需要来到我们想要推广的页面上，登录我们的联盟账户之后页面上会有直接获取推广链接的按钮。如果我们想获取文字链接，只需要点击 Text，当前页面就会自动生成一个链接地址，这就是我们的推广链接了。当然，还可以选择长链接（Full Link）或者短链接（Short Link）。这两种在使用上没有区别，短链接可以用于字符受限的场合来减少字符长度。

以上就是获取亚马逊推广链接的所有步骤，卖家可以在自己的网站上放上这些链接进行自己的推广。这样，卖家就可以开始赚自己的钱了。当然，这里赚钱不是主要目的，卖家主要还是想要通过推广把自己的产品销售出去，销售额才是最终目的。

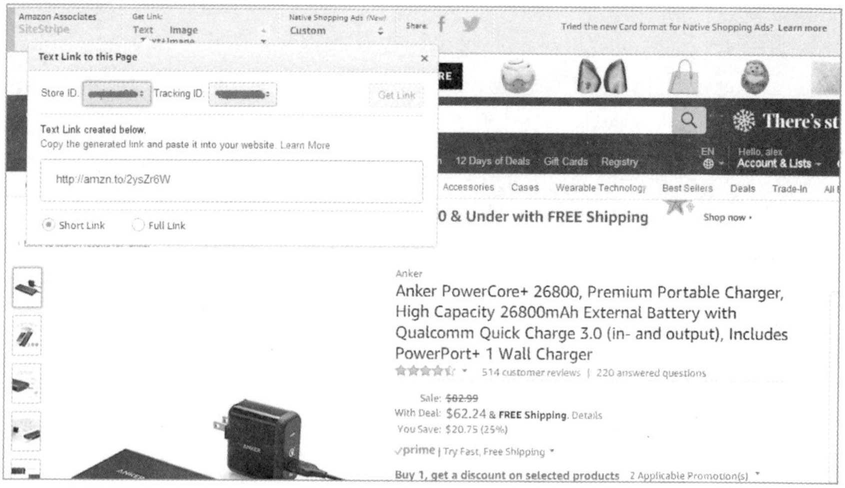

图 14-22　推广链接获取

14.2　社交媒体

在销量旺季的时候，社交媒体的流量也是一个重要的流量来源，这里主要讨论一下 Facebook 和 Twitter 的流量来源。

首先，我们来说 Twitter。Twitter 是国外每个人都必备的一个社交工具，活跃用户数在 3 亿以上。对于中国卖家来说，这必然是一块不可丢失的宝地。所以大量的中国卖家不断的在这上面去进行挖掘、营销，不断地在平台上做广告、做内容以及邀请红人。这些方法都没错，但如果你一开始就做这些，就从根本上犯了一个错误，那就是忽略了 Twitter 的社交属性，这个平台首先是一个社交平台。所以卖家一定要牢记，先社交后营销。

如果你在这里做广告，只是一味地砸钱是没有意义的，短时间内你不会看到任何有效的转化。所以要想做好 Twitter，你的底层建筑（社交）一定要搭好，否则必然会得不偿失，钱花不少订单却不见涨，最终形成一个恶性循环。所以请记得，要想做好 Twitter 营销，第一步要做的就是先把社交做好，把你的账户搭建起来，千万不能是空中楼阁。这就是做 Twitter 营销的一个总体战略。

那么，社交是什么？听起来似乎很简单，但做起来并不是那么简单，而且还有些复杂。社交，就是交朋友，要走心。先以一种交友的心态来聚拢你的粉丝，帮你的粉丝解决一些实际问题，建立起你的粉丝忠诚度。

首先要明白你的客户群体到底是谁，他们究竟需要什么，他们的痛点是什么，你能帮他们解决哪些问题，你又帮他们解决了哪些问题，你有多少东西带给了你的用户真实的帮助。只有弄明白这些问题，静下心来做一些事情，你才能收获粉丝的忠诚。

我们要做的是人与人之间的沟通，而不是强制性的广告刷屏。客户只会关注自己感兴趣的人和事，不会关注你那些莫名其妙而且和他毫无关系的刷屏广告。

既然明白了做 Twitter 的总体思路，接下来就来讲一下达成目标所应该做的事情。

1．持续不断地发布一些走心的内容

要做粉丝营销，这绝对不可能是一蹴而就的事情。所以，卖家必须不断地发布一些走心的文字，来帮助客户解决实际问题，而不是抄一些可有可无的东西来滥竽充数。这里的“不断”两个字也非常重要，你持续发文字客户就会记住你，并且如果你发的文字对他有帮助，他自然一有问题就会想到你。如果你三天打鱼两天晒网，客户根本就记不住你，你的文字对他就算有帮助也没有用。但是，我们发文字时也要注意度，就算你发的文字对客户有用也绝对不可以刷屏。否则被直接拉黑，岂不是得不偿失？所以，在勤快和刷屏之间要把握好一个度。

2．你的资料一个都不能少

既然你是以卖家的身份在维护这个账户，那么客户来到你的页面上之后，你就必须让你的客户明白你是谁，你的专业度就体现在这里。你既然作为一个公众形象出现，你的资料就绝对不能是空白的，否则客户对你不会有丝毫的信任感。同时，你的个人资料也是你的客户详细了解你甚至决定是否从你这里下单的一个重要因素，难道你不应该好好完善吗？

3．你的活跃度也是客户评判你的标准

在 Twitter 上，你必须不断地参与各种活动，你要关注一些潜在用户，不断在他们那里活跃、点赞，甚至转发@他们，以吸引他们的注意。他们有了什么更新，你也应该积极地做出走心的回复，千万不要只写 nice、good 之类的文字，那样客户对你的印象就不会特别好。

4．多多引起别人的关注

我们发 Tweet，大多数人很可能会错过我们的信息。所以我们要多多使用@功能

来引起别人的注意，特别是发现有客户对我们的产品有正面评价的时候，多多转发并@包括原作者在内的人，这样收到的效果会比默默无闻地发一些文字要好很多。

5．多多使用话题功能

在 Twitter 上，话题是一个非常能够聚拢人气的功能，而且聚拢的大多是一些有着共同爱好的人。所以，我们要积极参与别人的话题，并且积极创建自己的话题。一个话题可以让平常素不相识的人聚在一起讨论问题，对我们卖家而言，这一大批聚在一起的人感兴趣的东西都一样，我们能参与到其中，说明和我们的产品必然是相关的，那么这么一大批和我们产品相关的用户聚集在一起，还有什么比这种流量更精准的呢？所以，我们一定要在话题标签里积极发布言论，如果能引导客户的思路，就离成功不远了。

6．图文并茂

在 Twitter 上发文字是可以配图或者视频的，如果你的 Tweet 全部都是干巴巴的文字，受众也会觉得索然无味。所以我们在发文的时候，尽量多使用图片、文字、视频相结合的内容把我们的表现形式丰富起来，这样客户才会觉得有趣而对我们高度关注。

7．积极关注新动态

这个地球上，每天都会有新的爆炸性新闻发生。卖家对这些新闻一定要保持关注，积极地关注这些信息，然后发布内容并@你的用户，甚至可以创建相关话题来聚拢一部分用户。

所以，要想做好 Twitter 营销，以上 7 个步骤就会是你的基础建筑。做好这些基础内容，你才可以利用这个平台开始你的营销。否则，即使你做再多的营销、投入再多的资本，没有粉丝、没有内容、没有互动，你这些财力物力都只能打水漂。

作为我们引流的来源，Twitter 的营销方法很多，甚至单独的 Twitter 营销都有专业的书籍。本书的目的只是给大家提供一种不同的思路，并且告诉大家这条路该如何开始走，具体的 Twitter 营销方法不属于本书的讨论范围，希望大家可以多多关注其他一些书籍来作为本书的补充。

接下来，我们来聊一聊 Facebook。Facebook 平台，基本上在国外人手一个账户，并且活跃度很高，所以也是我们应该主动关注的一个大流量平台。

Facebook 的注册和 Twitter 不同，它对用户的身份审核非常严格，经常会因为对用户质疑而关闭账户。所以，我们需要不断配合 Facebook 的调查而提交照片、资料等。遇到这样的情况时，往往比较麻烦。那么，我们该如何做才能尽量避免呢?

首先，千万不要一注册账户就大量加人。诚然，注册了 Facebook 之后会给我们推荐很多用户让我们添加好友。但如果我们真的大量加好友，账户会很快被封。所以，千万不要这样做，加好友也要慢慢来，不可操之过急，

其次，添加一些你认识的人作为好友，或者使用手机号来注册，都可以减少被封号的概率。

那么，如果需要在 Facebook 上做推广，需要进行哪些基本设置呢?

第一，设置自己的主页。在 Create Page 按钮处创建我们的页面，选好分类、填好名称，并通过这个主页展示自己企业的文化，可以通过活动让客户分享自己的产品信息或者活动，把自己的经营理念传达给客户，通过和客户的有效沟通建立和客户之间的联系。

第二，为了更精准地定位自己的客户，在选择主页类型的时候要慎重。Facebook 可以通过多种属性的设置来满足客户的需求，比如地区、年龄、兴趣爱好及性别等。定位好这些，可以更加精准地找到自己的潜在客户。

第三，提供丰富的内容，这一点非常重要。如果你的页面没有丰富的内容，那么客户来到你的页面上也做不了什么，更不用说和你进行互动了。

第四，分享有价值的内容。这里的“有价值”，并不是说你分享的内容都必须是自己原创的内容，而是说你分析的东西对你的受众来说要有价值。我们之前说过可以精准地定位客户，那么你精准定位了客户之后必然会知道你的客户要什么。所以，给你的用户群准备他们需要的内容，这是你应该做的。

第五，加入别的组织。在 Facebook 上，有很多群里可能有着和你类似的爱好或者相关爱好的人。加入这些群组，关注他们所关注的内容，建立好友关系，通过你的专业性让客户信任你。

第六，要足够活跃，多去参与别人的话题，多多评论，多多发言。如果你能够成为一个话题的领袖，或者你能够引领别人的话题讨论，别人就会对你非常信任，这样就可以做到吸粉，粉丝的转化是最容易的。

第七，要专注。做粉丝营销，切忌不专注。今天更新很多内容，明天后天都不更

新，这样做会让你的粉丝对你失去兴趣。所以，一定要专注，持续更新是必要的。

14.3　网红推广

近几年国内网红发展的如火如荼，境外的“网红营销”比我们的发展更早，并且产业链十分成熟。所以境外的网红发展很早，例如北美市场，网红营销甚至可以追溯到 2007 年之前。也有很多进行跨境销售的企业利用境外网红这种经济有效的方式进行营销拓展自己的客户。

但是，境外的网红产业链发展和境内不尽相同，国内的网红只强调人气，而国外的网红强调匹配度。所以，很多专业领域的网红就非常受欢迎，并且网红的发展也更加健康。大家都会追逐一些自己领域的网红，而不会去盲目地追逐人气。

所以，我们在寻找境外网红合作的时候，第一条原则就应该是看匹配度，而不是看人气。按照国内的规则查看人气的然后联系网红，人家很可能不会理睬你，因为你和他的匹配度太低，会损伤人家内容的专业性。

在境外，网红是分类型的，而不是像我们这样一概而论。一般来说，网红可以分为流量型网红、原创型网红和营销类网红。每个类型的网红关注的点都不一样，而且所擅长的领域也各有千秋。总体来说，他们更强调自己的专业性，而不是所有的活都会揽下来。那么，这三种类型的网红都有什么特点呢？

- 流量型网红：通常来说，这类人指的是现实社会中的一些公众人物，或者是号召力较强的社会人士。他们的账户通常都带有非常多的现实粉丝，黏度高、公信力强。但是，这类人士的推广费用通常较高，比较适合那些想做长期打算、努力打造自己品牌效应的卖家。
- 原创型网红：这些网红通常是在线上某个领域的意见领袖或者风向领跑者，在粉丝量级上来说属于比较多的一类网红，在他们的专业领域有绝对话语权，为粉丝群体所接受和信任，并且能够对其粉丝团体行为有较大的影响，甚至可以直接推动粉丝的购买决定。
- 营销类网红：这类网红的特点是他们可能不是一个人在战斗，而是一个工作室在维护一个网红账户。他们的账户没有什么原创内容，可能更多的是对产品的使用分享，单纯地分析产品的使用体验，从而影响客户的购买。他们也会更多地参与各类讨论，去各个帖下面留言，以带动话题的方式达到广告效应。

作为一种不太新的营销方式，网红营销可以作为卖家打开销售僵局或者清理库存的一种有效手段，被广泛应用着。如果运用得当，通常能够给卖家带来意外的惊喜。

但是，必须要说一下，国外网红非常注重匹配度的问题。前文也提到，每个网红都在其专业领域有着非常多的经验。所以不同于我们国内做网红营销的"粉丝数量为王"的方式，境外的网红更看中产品和其匹配度，你不会看到一个服装类的网红在推广某个食品，也不会看到一个床上用品类的网红在推广服装。如果有，那一定不是一个专业的网红，就算是营销类的网红。也只会从他们营销的专业角度去推广，而不是说去做一些硬广。

卖家首先要找到和自己合拍的网红类型，这样你的产品才能和这个网红的粉丝合拍，并且他们就是你的客户。所以，卖家要判断网红粉丝的年龄构成、地域构成、习惯构成及爱好构成等，从而达到更精准的营销效果。那么，网红推广到底该如何做呢？

第一，要把目标设置清楚，弄明白我们到底要什么。我们做这次推广是为了品牌影响力的提升还是为了新产品的发布/推广，再或者是我们需要危机公关。这个目标的设定就决定着我们的运营方向以及所需要的网红类型，是我们整个活动策划的基石。

第二，基于目标设定营销方案的需求和预算。在我们可以发挥的特定领域寻找匹配度高的网红进行匹配，然后进行沟通。

第三，创意方案的提出。我们需要和网红共同商讨提出创意方案，找到最适合我们的一套方案，能够符合网红发帖的基本条件和我们的基本需求。

第四，行动执行。根据设定提出我们的计划并执行，计划应当详细并具有可操作性，应包括具体的发帖时间、发帖回复等可以掌控的目标值，甚至还要包括我们需要投放的目标平台，比如 Facebook、Twitter、Instgram、Pinterest、Snapchat 等。

第五，数据监控。根据投放情况，实时监控数据，做出整改诉求或者追加投放计划。如果在投放过程中发现有问题，务必及时提出，必要时甚至可以暂停整个投放计划。

以上就是网红投放的一个基础策略，希望大家能够明白。网红投放花的也是真金白银，希望大家慎重选择，切勿过于草率。

電子工業出版社
PUBLISHING HOUSE OF ELECTRONICS INDUSTRY
PHEI http://www.phei.com.cn

最打动投资人的商业计划书

全面构造商业计划书
（3～7章）
公司情况概述
介绍自己的产品
市场调研报告
展示核心团队
投资回报预期
市场营销策略

认识商业计划书
（1～2章）
商业计划书的8大元素
投资人关注什么内容
路演型商业计划书
工作型商业计划书
验证型商业计划书

Move Investors

A Business Plan to

突出财务重点
（8～10章）
设计盈利模式
降低变现难度
全面规划财务
风险规避处理
退出机制完善

细节呈现规则
（11～14章）
摘要的撰写方法
如何突出重点
8项关键数据的写法
制作吸引人的PPT